河合塾 SERIES

英語長文読解

―読み方から解法まで―

標準編

問題編

河合塾講師
天倉 一博・中島 健・村瀬 亨 共著

河合出版

河合塾
SERIES

英語長文読解

—読み方から解法まで—

標準編

問題編

河合塾講師
天倉 一博・中島 健・村瀬 亨 共著

河合出版

はじめに

英語のコミュニケーション能力を測る視点として英語４技能というものがあります。listening「聞く」、reading「読む」、speaking「話す」、writing「書く」という４つの視点です。この４技能は、情報入力（インプット）型のlistening / readingの２つと情報発信（アウトプット）型のspeaking / writingという２つに、また、口語（話し言葉）の運用能力であるlistening / speakingの２つと文語（書き言葉）の運用能力であるreading / writingの２つという視点に分類できます。

４技能を下支えするものとして、語彙や文法そしてスキーマがあります。

今、この「はじめに」を読んでいる皆さんには、語彙や文法が英語４技能の基礎になることは分かるけど、スキーマって一体何？それおいしいの？と思われるかもしれません。スキーマとは聞き覚えのない言葉と思われますので、ブリタニカ国際大百科事典をひもといてみると、【スキーマ理論】（scheme theory）という項目があります。少々長いのですが、まずはこの定義をご紹介しましょう。

【スキーマ理論】とは、「知識の構造を表現する手段であるスキーマに関する理論。スキーマとは、いくつかの物事に共通して現れる型についての情報を表現したもので、その語源はイギリスの心理学者C.バートレットの1932年の論文により提示された。スキーマには、いすなどの対象物が通常持っている性質の集合を記述するために使われるフレーム、人がレストランに出かけるときなどによく起こる一連の出来事を記述するスクリプトなどがある」。これを読んでもまだ今一つピンとこない人が多いと思われますので、これからかみ砕いて説明をしましょう。まずは、スキーマはフレームとスクリプトから成立していると考えてください。

ではフレームとは何でしょうか。なぞなぞから始めてみましょう。「一部がガラスで出来ている鉄製の箱の下にタイヤが４つ付いています。その箱には人がちょっと屈んで出入りできるドアが左右にあります。また、その箱の中には複数の座席がありますが、そのうちの１つには正面にハンドルが、足元にはアクセルやブレーキがついた座席があり、その座席についた人が各種の機械を操作して、その箱を前後に動かすことができます。さて、その箱は何でしょう」。答えは出ましたか。そうです、答えは自動車です。そして、このなぞなぞで提示されたヒントというべき様々な情報が「フレーム」なのです。「フレーム」とは、ある物事に関するバラバラな知識が集まって、一つのまとまった一般化された知識になるということなのです。

次にスクリプトとは何でしょうか。皆さんは大学受験を考えていると思いますが、実は「受験」も「スクリプト」の一つなのです。受験には、志望校の選定、受験科目の勉強、受験に必要な願書の入手や受験料の支払い、受験日に会場に行くなどの一連の流れがありますが、これが「スクリプト」です。「スクリプト」とは、ある出来事に関する一連の流れのことなのです。スクリプトの例をもう一つ挙げましょう。路線バスです。路線バスには、どこまで乗っても料金が変わらない均一料金制のバスと、乗った距離に料金が比例する整理券方式のバスがあります。不慣れな土地では、バスの利用の仕方が異なるため、つまり、「スクリプト」が異なるために、まごついた経験がある人も多いと思います。

語彙を増やし文法を勉強しても、思うように英語の成績が伸びない場合は、実は英語４技能の下支えとなるスキーマが欠けている場合が多いということに、この本を手に取った皆さんには気づいて欲しいのです。例えば、「ミツバチの習性」についてのスキーマがあることによって、「ミツバチの習性」について書かれた英文の読み取りがそうでない人よりも楽になることに気づいて欲しいのです。

この問題集はこうした問題に対処するために、文章の読み進め方やその内容をつかむ練習ができるように工夫を凝らしています。長い一文の場合、その文を前から短く区切って、一区切りごとで意味をつかみながら前から読み進め、文全体の意味を論理的に組み立てていけるようにスラッシュ和訳を提示しています。

また、英文全体の内容を把握できるように、先ずは各パラグラフの要約の仕方を説明した模範要約を示し、英文全体の要約の仕方と全体要約に至るまでのプロセスを提示しています。こうした文章の読み方に慣れることで、読解力と背景知識（シェーマ）が深まり、世界観が広がることでしょう。

英語４技能の話に戻りますが、この４技能のうちで、皆さんが優先すべきものは何でしょうか。それはlisteningとreadingになります。予め買い物をしていないと冷蔵庫には何もなく、したがって、料理をすることもできません。つまり、インプットなしにアウトプットはあり得ないことを意識してください。バラバラな知識（フレーム）を一つの体系的な知識（スクリプト）に整理する一つの方法としてこの問題集を利用して、皆さんそれぞれの夢の実現に向かって、最後まで駆け抜けて欲しいと思います。

本書の使い方

本書は「問題冊子」と「解答・解説編」に分かれています。まずは「問題」に取り組み，その後「解答・解説編」を読むという流れになります。

①各問題の標準解答時間を目標に解答する。

あくまでも目標ですので，達成できない場合もそのまま解答を続けてください。

②各パラグラフの要約を書く。

解答後は，すぐに答え合わせをするのではなく，本文の要約を試みてください。書くことによって，自分の理解度を知ることが出来ます。要約が書けるまで何度でも読み返してください。分からなかった語句などを調べながらで結構です。この作業を通して皆さんの思考力を高めることが可能となります。

③解答・解説編で答え合わせする。

各設問の解答の根拠が明確に示してあります。英文和訳問題では文構造も明示してあるので「なんとなく」ではなく「厳密に」理解することを心がけてください。

④解答・解説編でさらに学習を深める。

パラグラフごとに皆さんの学習を深めるための仕掛けが用意されています。それぞれの目的を理解し活用してください。

【For slash Reading】

速読練習として活用してください。「日本語で訳しながら読む」のではなく，「英語のまま左から右へと読み進める」練習をすることが目的です。

【Sentence Structure】

精読学習として活用してください。構造を見失いそうな複雑な文や，重要構文を個別に解説してあります。

【Words & Phrases】

本文中に出てきた重要語句を整理してあります。しっかり記憶しましょう。

【Road to Summary】 & 【Summary】

読解プロセスの確認に活用してください。ここでは各段落の論理展開を整理し，それを元に要約してあります。解答後の皆さん自身の要約と照らし合わせながら学習することで，理解度を図ることが出来ます。

【Watch Word】 & 【Answer】

英文をより深く理解する視点・ヒントを与えてくれる語句を，質問形式で取り上げています。知識・思考力を身につけるために活用してください。

【Road to Overall Summary】

Road to Summaryでは，各段落の要約を作るためのヒントを提示していますが，ここでは，本文全体の要約を作るにはどこに注目すべきか，また，どのように要約を作るのかを解説しています。複数の段落から構成される１つの長文として見た場合に，各段落がどのような役割を果たしているのかが理解できます。

【Overall Summary】

本文全体の要約と，「主題・事実・立論・結論」という簡潔な要約から成ります。「主題」とは各長文のテーマであり，何について書かれているのかを，「事実」とは筆者の分析対象あるいは描写対象である本文中の事実を，「立論」とは「事実」に対する筆者の提案や分析であり，「結論」とは筆者がその長文を通して一番言いたいことである主張をまとめています。

1つ1つの英文が集まり１つの段落になり，そして複数の段落から構成される1つのまとまりのある長文としての鳥瞰図と考えてください。

本書解説で用いている記号・用語

❖略記号

Ｓ…主語

Ｖ…動詞

Ｏ…目的語

Ｃ…補語

Ｍ…修飾語としての形容詞（句・節）や副詞（句・節）

❖かっこの種類

［○○○］… 名詞句・名詞節

（○○○）… 形容詞句・形容詞節

〈○○○〉… 副詞・副詞句・副詞節

❖上位構造：主節となる英文の構造

❖下位構造：従属節となる英文の構造

例　When she was young, she lived in Kochi.

「（彼女は）若いときに，彼女は高知に住んでいた」

上位構造

〈When ...〉, she lived 〈in Kochi〉.
　Ｍ　　　Ｓ　Ｖ　　Ｍ

下位構造　When ...

she was young,
　S　V　C

❖中位構造：主節の中に含まれる従属節となる英文の構造

例　When she was young, she learned that telling a lie is not always wrong.

「（彼女は）若いとき，嘘をつくことは必ずしも悪いことではないのだと彼女は知った」

上位構造

〈When ...〉, she learned [that ...].
　Ｍ　　　Ｓ　Ｖ　　Ｏ

中位構造　that ...

［telling a lie］ is not always wrong
S V C

下位構造　When ...

she was young
S V C

CONTENTS

1

標準解答時間　15分

次の英文を読んで，各問いに答えよ。

We live in a world of color, always surrounded by it. Color gives beauty to our lives —— but that isn't the only thing it gives.

(あ)Consider red. As you know, red is the color of fire and blood. It makes us ㋐breathe more quickly and makes our hearts beat faster. If people spend a long time in a room that is (い)completely red, they may become nervous and even aggressive. But red is often seen in bars and casinos because it makes time seem to go faster. It's also the most popular color for restaurants because it makes us hungrier.

Blue, ㋑on the other hand, is known as the color of sadness. Think of Picasso's paintings of blind and poor people. But blue also makes us feel peaceful. So, light blue is the best color for bedrooms. One more thing that blue does is ㋒improve performance. Students get higher test scores and weightlifters can lift more in blue rooms.

Green tends to relax us because it is the color of nature. TV talk show guests wait in "green rooms" before they appear on TV. And green is a very popular color for hospitals. In America, green has another important meaning —— it is the color of money and envy!

Pink, however, may be the most ㋓calming color. In one ㋔experiment, prisoners were less violent when the jail walls were painted pink. In contrast, yellow would be the worst choice for a prison. Yellow annoys the eyes and makes people want to fight.

So, (う)choose your colors carefully —— they do more for you than you may realize.

問1 下線部㋐～㋔の語(句)を最も適切に説明している日本語を，次のa. ～d. から1つ選びなさい。

㋐	a. 理解する	b. 快復する	c. 話す	d. 呼吸する
㋑	a. それに加えて	b. さらに	c. しかし	d. 一方
㋒	a. 重視する	b. 競う	c. 実現する	d. 向上させる
㋓	a. 怒りを生む	b. 喜びをもたらす	c. 心を穏やかにする	d. 悲しませる
㋔	a. 経験	b. 話題	c. 仮説	d. 実験

問2 下線部(あ)～(う)の意味として最も近いものをa. ～d. の中から1つ選びなさい。

(あ)	a. take care of	b. think of	c. deal with	d. forget
(い)	a. briefly	b. carefully	c. freely	d. totally
(う)	a. paint	b. select	c. chase	d. change

問3 本文の内容に照らし合わせて,(1)～(4)の[　　]に入る最も適切なものをa.～d. から1つ選びなさい。

(1) [　　] is mentioned as the color of sorrow.

a. Blue　　b. White　　c. Yellow　　d. Green

(2) [　　] is the most popular color for restaurants because it makes people hungrier.

a. Pink　　b. Green　　c. Blue　　d. Red

(3) Yellow is [　　] for eyes and makes us want to fight.

a. calming　　b. unpleasant　　c. relaxing　　d. good

(4) Green is thought as a [　　] color for hospitals.

a. false　　b. strange　　c. disagreeable　　d. suitable

問4 次のa. ～e. から，本文の内容と一致するものを2つ選びなさい。

a. Prisoners became more aggressive when the prison walls were painted pink.
b. People may think that time goes faster in a red room.
c. Black makes us feel relaxed.
d. Blue is known as the color of money and envy in America.
e. Students show better results on tests in blue rooms.

(札幌学院大)

2

標準解答時間 15～20分

次の英文を読み，各問いに対する答えとして最も適切なものをそれぞれ(1)～(4)から一つずつ選びなさい。

Many people don't know that the difference between success and failure is often very small. One does not need to be twice as good, let alone perfect, in order to succeed in most things. In fact, often only a tiny difference separates winners and losers. A small difference may make a big difference. This is true in many areas of life, especially if the small difference is regular and repeated.

For example, consider two clocks, running at a speed differing only by one second per hour. Only one second per hour doesn't seem like much, but it is almost a half minute per day, or almost three minutes a week, or about twelve minutes a month, and almost two and a half hours a year. Well, there's actually quite a difference between those two clocks.

Sports is another good example. One doesn't have to be much better than others to win. The difference between winning and losing is often very small. At the Olympics, the difference between winning and losing is often just 0.1 second or just a centimeter or two. Such a small difference can determine who gets a gold medal.

A small difference, often just a percent or two, if repeated over and over, will almost always lead to success in the future. One does not need to be a genius, does not need to be ten times better, or even twice as good, let alone perfect. Just a small difference is usually enough to succeed.

Our heroes seem to have superpowers, but actually they are just normal people. They are not really that much different from us. They are just a tiny bit faster, or smarter, or more beautiful than average. If one wants to be successful, just remember that the difference between success and failure is often very small. So why don't you try just a little harder, a little more often? A small difference may make a big difference. You may be surprised by the result.

問1

What don't many people know?

(1) A small success is often different from failure.

(2) Failure and success are often different.

(3) There is often a small difference between success and failure.

(4) Failure is often a small success.

問2

A person who wins a gold medal is often someone who _______.

(1) is ten times faster

(2) is twice as fast

(3) is just a little faster

(4) never gives up

問3

"A small difference may make a big difference" means _______.

(1) success often depends on a little luck

(2) success often depends on small things

(3) never give up

(4) life is often true

問4

The difference between winners and losers is often ______.

(1) quite a bit

(2) a lot

(3) twice as good

(4) not much

問5

According to the story, ______ usually leads to success.

(1) being mostly better just a little of the time

(2) being just a little better most of the time

(3) repeating just a percent or two

(4) being perfect in the future

問6

According to the story, we can be more successful if _______.

(1) we are a genius

(2) we are ten times better

(3) we are perfect

(4) we are just a little better

問7

Heroes _______.

(1) have superpowers

(2) are successful because they are usually a bit better

(3) are much different from others

(4) are not really more beautiful than average

問8

At the end of the first paragraph, the expression “the small difference is regular and repeated” means _______.

(1) practice over and over

(2) a small difference is often just a percent or two

(3) a small difference

(4) a series of small differences

問9

The word “result” at the end of the story refers to _______.

(1) your success

(2) your effort

(3) trying harder

(4) a small failure

問10

What’s the best title for this story?

(1) Practice Makes Perfect

(2) A Small Success

(3) How to Succeed

(4) How Not to Make a Difference

（九州国際大）

3

標準解答時間 20分

次の英文を読んで，問いに答えなさい。

The Internet has grown quickly in the last ten to fifteen years. From 360 million users in 2000, it has grown to nearly 2.5 billion users in 2012. This represents about a third of the world's population. Education, travel, entertainment, socializing —— the list is endless —— have been influenced by this new technology. Virtually every area of life (1)

Nothing is more different today than the business of selling things to consumers on the Internet. The **retail business**, which used to take place mostly in stores that people went to by car or other means of transportation, has decisively moved to the Internet. Entirely new businesses, such as Amazon and Rakuten, have appeared and made big profits by selling goods on-line. As a result, many stores have been put out of business. For example, when the chain of bookstores in the United States called Borders was founded in 1971, its business model of matching the books sold in its store with the needs of the local community made it very successful. However, it could not compete with Amazon. (2)

No one denies the convenience of shopping on-line. Along with this convenience, however, there are other issues. One issue is the matter of privacy. Companies are able **to track** their customers' on-line activities to find out what they are interested in. They then use this information for marketing purposes. Sometimes, they even sell lists of this information to other retailers who then also use the information (3) the people on the lists.

Education, too, is being changed by the Internet. A couple of years ago more than a hundred and fifty thousand students from many countries signed up to take a class that Stanford University offered on-line. It was so successful that the professor who taught it quit his job at Stanford and began his own on-line education business. The success of this and other on-line classes could signal a big change coming to education, as well. Perhaps, someday (4) Rather, students will learn through the Internet any place they happen to be.

左の文書が完成するように，(1)～(4)に入る最も適切なものを**A～D**の中から選びなさい。

問1 (1)

A. has changed.
B. has remained.
C. has been considered.
D. has increased.

問2 (2)

A. Because of this competition, nothing changed.
B. Today, it is making bigger profits than before.
C. As a result, it expanded its business into computers.
D. It closed its stores after only 40 years of business.

問3 (3)

A. to hire
B. to sell more things to
C. to protect the privacy of
D. to give to

問4 (4)

A. schools will no longer be in buildings that people go to.
B. professors will quit their jobs and start businesses.
C. students will carry laptop computers to all classes.
D. students will have more access to information on-line.

次の下線部の語句は，左の文章の中で使用されています。この語句の意味を文章の文脈から推測し，(5)と(6)に入る最も適切なものを，**A～D**の中から選びなさい。

問5 In the passage, a retail business is a business that (5)

A. sells goods to people.
B. provides transportation.
C. gives services to people on-line.
D. collects information and sells it.

問6 In the passage, to track means (6)

A. to advertise.

B. to follow.

C. to train.

D. to compete.

（昭和女子大）

MEMO

4

標準解答時間 15～20分

次の文章を読み，問いに答えよ。

When born, most Americans are given a first and middle name to go along with their family name. (Edgar Allan Poe and Louisa May Alcott are a couple of (1) from American literature.) Middle names are a kind of second first name. They are often given to honor a grandparent or other fond relative and (2)<u>are more for decoration than essential</u>. It is our first and family names that are most important to us — (3)<u>the names</u> we use to conduct the business of our lives.

When Americans meet someone for the first time, we usually introduce ourselves using our first and last name: "Hello, I'm Robert Smith. Nice to meet you." But once the introductions are over, we will soon start referring to each other by our first names, or even its shortened form: "Please, call me Rob." Why is that? One reason is that Americans feel that using a person's first name is friendlier and more casual. (4)<u>We</u> like being on a first-name basis.

Another reason is that using first names implies that there is no clear difference in social position between the speakers. It makes us feel more comfortable with each other, more like equals. (5) Japanese, we don't usually give each other titles (although in formal situations we will, of course, refer to a college teacher, for example, as Professor Jones or a family physician as Dr. Wilson). When I first arrived in Japan, I was surprised that everyone seemed to have a title after his or her family name. My Japanese teacher was Mori sensei. My next-door neighbor was Tanaka san. My boss was Terada bucho. My friends in my baseball circle were simply called senpai, with no name attached to it at all. When I thought about it, I realized I didn't know anyone's first name!

I'm not exactly sure why such titles are so important in Japan, but I think (6)<u>it</u> has something to do with long-standing ideas about knowing your place in society. In America, we don't have the same tradition. Our ideas about democracy and individualism mean that we prefer to be treated equally (7) age, position, or rank, which is also why we prefer to be on a first-name basis.

問1 空所(1)を補うものとして最も適切なものを①～④の中から一つ選べ。

① middle names ② writers ③ examples ④ second first names

問2 下線部(2)の意味として最も適切なものを①～④の中から一つ選べ。

① 装飾性と必要性をより兼ね備えている
② 装飾ではなく必要性があるからである
③ 必要というよりも装飾のためである
④ 装飾性のみを目的としている

問3 下線部(3)の指示する内容として最も適切なものを①～④の中から一つ選べ。

① our first and family names
② our first and second names
③ our second and family names
④ our first names and relatives' names

問4 下線部(4)の指示する内容として最も適切なものを①～④の中から一つ選べ。

① Americans ② Japanese people
③ people who use shortened first names ④ Robert and I

問5 空所(5)を補うものとして最も適切なものを①～④の中から一つ選べ。

① Even ② As if
③ The same as ④ Unlike

問6 下線部(6)の指示する内容として最も適切なものを①～④の中から一つ選べ。

① my place in society ② the importance of titles
③ my idea ④ Japanese society

問7 空所(7)を補うものとして最も適切なものを①～④の中から一つ選べ。

① in view of ② in spite of
③ because of ④ regardless of

問8 本文の表題として最も適切なものを①～④の中から一つ選べ。

① First Names: More Important than Family Names
② Names in Japan and America

③ How to Get on a First-Name Basis

④ Titles in Japan

問9　本文の内容と一致するものを①～⑦の中から三つ選べ。ただし，解答の順序は問わない。

① Most Americans are given two names when they are born.

② In many cases, middle names are given to show the respect for grandparents or relatives.

③ When Americans meet someone for the first time, they start their conversations using their titles.

④ Americans like to show social position by adding titles to their names.

⑤ Japanese people usually call others by their first names and titles.

⑥ The author doesn't understand why titles are so important in Japan.

⑦ As in Japan, Americans like to be treated equally.

（追手門学院大）

MEMO

5

標準解答時間 15～20分

次の英文を読んで，以下の問いに答えよ。

An often quoted English proverb tells us that (1)there is nothing certain in life but death and taxes. Paying taxes is not much fun for anybody but, without taxes, roads could not be built, schools could not be opened, nobody would take away our rubbish and many other services that we take for granted would not exist. Taxes, which are paid by all, help everybody.

Naturally, both the United Kingdom and Japan impose taxes to pay for their social services. (2)The system currently used in the UK is VAT, or "Value Added Tax," which is already included in the price of an item when you buy it. Tax is paid when a business provides goods or services to a customer. There are three tax rates that are paid in the UK: a standard rate of 20%, a reduced rate of 5%, and zero rate which of course is 0%. The rates vary according to the kind of item which is being offered, although it is sometimes difficult to understand why items are taxed at different rates. For example, if you were to buy chocolate covered biscuits, you would pay the standard tax rate of 20%, but if you wanted non-chocolate covered biscuits, the zero rate would apply. Clothes and footwear which are for children are taxed at 0%, while clothes and footwear that are for adults are taxed at 20%. Taxi fares include 20% VAT, but bus, train and tube fares are not taxed. Some examples of 5% "reduced rate" items would be children's car seats, home energy services (electricity, gas, heating oil and solid fuels) and products which help people quit smoking. There are also some items which are exempt from taxes altogether, for example antiques, museums, education, medical treatment, postage stamps and, surprisingly, gambling.

Japan's tax system includes a similar consumption tax. This tax was introduced in 1989 at a standard rate of 3%, but was raised to 5% in 1997. Furthermore, a bill was passed which raised the consumption tax rate to 8% in 2014. Unlike in the UK, the Japanese consumption tax is a flat rate tax that applies to any taxable service or product. Because of this, there is no confusion about which rate will apply to different goods, but lovers of non-chocolate covered biscuits have to pay the same tax as even the biggest chocoholics!

【出典：Richard H. Bent 他，Cross-Cultural Views on Britain, 2014 年，一部改変】.

問1 下線部(1)の主旨と一致するものを1つ選べ。

a. If you do not pay taxes, surely you will be punished to death.
b. You should put life and death above taxes.
c. You can avoid neither taxes nor death.
d. There are more important things in life than death and taxes.

問2 下線部(2)の主旨と一致するものを1つ選べ。

a. You have to pay taxes in addition to the store prices.
b. The prices at stores show the sum of taxes and item prices.
c. You can get tax refund when you buy items at a reduced rate.
d. VAT in the UK is excluded from the prices of the items you purchase.

問3 How much tax did you have to pay in Japan if you bought a box of chocolate covered biscuits at 1,000 yen in 1992?

a. 200 yen
b. 80 yen
c. 50 yen
d. 30 yen

問4 Which item is taxed least in the UK?

a. adult shoes
b. electricity
c. cigarettes
d. train fares

問5 本文の内容と一致するものを1つ選べ。

a. Japanese consumption tax is helpful for those with children.
b. The UK tax system is more complicated than the Japanese one.
c. Taxi fares are less taxed than those of busses or trains in the UK.
d. Electricity is taxed at 20% in the UK.

（大阪経済大）

標準解答時間 15～20分

次の英文を読んで，あとの問いに答えなさい。

There are two aims in study: one is to acquire certain bodies of knowledge; the other is to acquire certain abilities to do things. Clearly, there is no sharp line between these two kinds of study. There remains, however, a difference in emphasis between studying to acquire knowledge and studying to acquire the ability to use knowledge and to do things.

With regard to studying in college, major emphasis ought to be placed on the side of developing your abilities. Education should increase your powers: your abilities to work and play, read and think, and understand others. This does not *minimize the place of knowledge. Intelligent thought and action always have sound knowledge as their basis.

One of the most valuable abilities you can develop is the ability to study, which is not something you do the night before an exam. Rather, you have to learn how to study so you can independently approach a novel problem and think it through to a successful solution. Mastering a method of doing something is also an accomplishment that can be achieved through genuine study. Learning to study effectively is far more important than merely acquiring a particular body of information.

In most fields, information may quickly become useless, whereas analyzing a problem, gathering the necessary information, and interpreting that information are skills that will not lose their power so quickly. Knowing how to study is equivalent to knowing how to think about, gather, organize, and analyze information. It is the application of intelligence to the task of understanding and controlling the world about us. In learning to study, you are learning to think and to live. When students do not learn how to study, the biggest job of their education is left undone.

Study includes not only what you gain from books and the classroom but also what you acquire through direct observation and through actual performance. However, because it would be impossible to collect stores of knowledge and points of view *firsthand, studying in high school and college depends to a great extent on studying from books. Therefore, you should aim to tie your book learning to your everyday or firsthand experiences. When you do this, the subject you are studying becomes filled with richer meanings that only your own observations and activities can bring.

(注) minimize 軽視する, firsthand 直接に, 直接の

設問 各パラグラフの内容と一致するものを以下のa. ～d. の中から選べ。

<パラグラフ1>

a. What is emphasized here is the similarity between acquiring knowledge and acquiring ability.
b. With respect to study, obtaining knowledge and obtaining ability are not necessarily the same.
c. With respect to study, it is necessary to obtain knowledge first.
d. What remains is to imitate what others do.

<パラグラフ2>

a. Knowledge plays an important part when you think and act wisely.
b. Education is generally considered to minimize the place of knowledge.
c. Intelligence emphasizes action and thought more than knowledge.
d. Your powers will surely increase when you have little knowledge.

<パラグラフ3>

a. When you study, nothing is more important than getting information.
b. What you do the night before an exam is the most important ability you need to develop.
c. What is important is to be able to find a solution when you run into a new problem.
d. You need to learn how to gather information if you want to succeed.

<パラグラフ4>

a. Information you need is something that never becomes useless.
b. The more you gather information, the more you analyze information.
c. The attempt to apply intelligence to your task quickly makes controlling the world useless.
d. Knowing how to study will serve you throughout life.

<パラグラフ5>

a. Learning from books is not as important as learning from experience.

b. What you learn from books and your daily experiences should be connected.

c. Your studying is filled with richer meanings when you gather enough information.

d. Your observations and activities can benefit you only when you study at a college or a university.

(亜細亜大)

MEMO

7

標準解答時間 25分

Read the following essay and answer the questions (1)−(6).

All over the world more people are spending more time using computers. Millions of people are on the Internet. Through the computer, we can access a lot of information: more information than people have ever had. We can become the most informed people in history.

Is this true? In thinking about this, it is useful to look at the word "inform." What does it originally mean? It means "to give form to the mind" (*Oxford English Dictionary*).

How do we give form to our minds? We do it by having sensual experiences (seeing, hearing, smelling, touching, tasting) and learning words (concepts) to talk and think about those experiences. As a child, you see something in the trees. Somebody teaches you the word "bird." If you only know that word, all you will see are birds. If you learn the names of different birds, you will see sparrows, swallows, and woodpeckers.

Therefore, learning "informs" (gives form to) our experience. (イ)<u>On the other hand, a person who knew the names of all the birds without having seen any birds would not be informed about birds. You can't give form to experience unless you have the experience. To have "forms" in your mind about birds, you must watch them fly and listen to them sing in the real world</u>.

Take the word "death." From the Internet you can learn how many people died last year from various causes. Does this mean that you are informed about death? When you say, "In Country X, 20,000 people died of starvation," do you know what you are saying? People who experienced disasters (for example, the Hanshin Earthquake) find a huge understanding gap between themselves and people who learned about the disaster through the media. They are unable to talk to each other.

To take a more positive example, think of the word "Spring." How can you give form to that word? Spring with snow melting, animals coming out of a long sleep; Spring with its special sounds and smells, when even the air and ground feel different. (ロ)<u>Where should one go to get such information?</u>

To put it differently, imagine one person who has spent 20 years farming, and another who has spent 20 years on the Internet. Is it certain the latter will be more informed?

(adapted from Douglas Lummis. *Patriots, Pirates, and Pulpheads.*)

(1) "inform" という語は，その語源を考えた場合，どのような意味として捉えることができると筆者は述べているか，日本語で説明せよ。

(2) 本文によると，"To give form to our minds" を達成するためには，2つの事柄が必要である。それは何か，日本語で説明せよ。

(3) 本文の内容に合うように，次の英語の文章を完成させよ。その際，以下の4つの選択肢の中から最も適当なものを1つ選び，記号で答えよ。

People who experienced a disaster and people who learned about it through the media ________________.

a. are equally informed about the disaster
b. have a very large difference in their understanding about the disaster
c. can share the same understanding by talking to each other about the disaster
d. both had their experiences formed through the Internet

(4) 下線部（ロ）の "Where should one go to get such information?" という質問に対しどのような答えを筆者は想定していると思うか，英語で答えよ。

(5) 本文の主題として最も適当なものを以下の中から1つ選び，記号で答えよ。

a. People today are the most informed people in history.
b. Through the computer, people can have real experience.
c. True information should involve experiences through the senses.
d. Farmers use computers to be informed.

(6) 下線部（イ）を日本語に訳せ。

（はこだて未来大）

8

標準解答時間 25分

次の英文を読んで，後の問いに答えよ。

Most children are taught the (1)virtue of honesty from fairy tales and other stories. The famous story of Pinocchio, who begins life as a *puppet, teaches the importance of telling the truth. Every time Pinocchio lies, his nose grows longer and longer. Another story about the boy who "cried wolf" and then lost all of his sheep illustrates how lying can (2)lead to the loss of trust. In the United States, young children learn the tale of young George Washington, who finally admits to his father that he cut down a cherry tree. These types of stories show children that "honesty is the best policy." Still, if this is the case, then why do so many people lie? The fact is that human beings lie for many reasons.

One reason for lying has to do with minimizing a mistake. While it is true that everyone makes mistakes from time to time, some people do not have the courage to admit their errors because they fear the blame. For example, students might lie to their teachers about unfinished homework. (イ)They might say that they left their work at home when, in fact, they did not do the work at all. These students do not want to seem irresponsible, so they make up an excuse — a lie — to save face.

Another reason people lie is to get out of situations that they do not want to be in or cannot manage. For example, if a company decides to have a weekend meeting, one of the managers might not feel like attending. She may call her boss and give this excuse. "I've been fighting off a cold all week, and I wouldn't want to risk giving it to anybody else. I'll be sure to get all of the notes on Monday." When individuals do not want to tell the truth and face the consequences, they use lies to avoid difficulties.

In contrast, some people might tell a "white lie" when they do not want to hurt someone's feelings. For example, if a good friend shows up with an unattractive new haircut, one could be truthful and say, "That haircut is awful. What were you thinking?!" A more likely scenario is to say, "It's very original! It suits you," and spare the friend's feelings. These types of lies are generally not considered negative or wrong. In fact, many people who have told the truth to those they love, only to see the negative reaction, wish they *had* told a white lie.

Therefore, white lies can be useful in (3)maintaining good relationships.

A somewhat different reason for lying has to do with self-protection. Parents, particularly those with small children, may teach their children to use this type of "protective" lie in certain circumstances. What should children do if a stranger calls while the parents are out? Many parents teach their children to explain that mom and dad are too busy to come to the phone at that time. In this situation, protective lying can (**4**) harm or disaster.

People lie for many reasons, both good and bad. However, before you resort to lying in order to cover up mistakes or to avoid unpleasant situations, perhaps the motives for your lies should be carefully examined. (ロ)Your lies may one day be exposed and cause severe embarrassment or the loss of people's trust.

(注) puppet 操り人形, irresponsible < responsible

問1 下線部(1), (2), (3)に代わる語句として最も適切なものを選択肢から選びなさい。

(1) virtue

A. cost **B.** spirit **C.** value **D.** vice

(2) lead to

A. result from **B.** result in **C.** run across **D.** run into

(3) maintaining

A. constructing **B.** fixing **C.** improving **D.** preserving

問2 空所（４）に入る最も適切なものを選択肢から選びなさい。

A. cause **B.** conceal **C.** prevent **D.** promote

問3 第1・2パラグラフの内容と一致するものを選択肢から二つ選びなさい。

A. The lesson that children take from the stories of Pinocchio and the boy who "cried wolf," as well as the tale of young George Washington, is the importance of being honest.

B. There would be no lying if people knew that "honesty is the best policy."

C. One reason for lying is related to trying to make one's mistakes as small or as unimportant as possible.

D. Only those who lack courage can admit the mistakes they make occasionally.

E. Students who have not finished their homework confess to their teachers, in order to avoid punishment.

問4 第3・4パラグラフの内容と一致するものを選択肢から二つ選びなさい。

A. A company manager who does not want to attend a weekend meeting may tell her boss on the phone that she has fully recovered from a cold but needs a few more days of rest.

B. If you say, "That haircut is awful," to a good friend of yours who appears with a new haircut that you don't find attractive, it means you are telling a white lie.

C. By telling your friend that their awful haircut suits them, you are telling a white lie to avoid hurting their feelings.

D. White lies are disapproved of by most people.

E. Many people regret having told the truth, rather than a white lie, to those they love.

問5 第5・6パラグラフの内容と一致するものを選択肢から一つ選びなさい。

A. People often lie about how to protect themselves.

B. Children may be taught to lie in order to protect their parents.

C. If a person children don't know appears when the parents are not at home, the children should immediately let them know by phone.

D. When you think you have to lie, it might be better to carefully consider the reasons for doing so.

問6 下線部（イ），（ロ）を和訳しなさい。

（甲南大）

MEMO

9

標準解答時間 30分

次の英文を読んで，以下の問いに日本語で答えなさい。

"What happened in class?" "What was that movie about?" "What was the principal trying to tell us in that email?" These are questions that come up in our daily lives. The answers to these questions require us to sort through details to find the main ideas. A person who cannot summarize, who cannot select main ideas or invent main idea statements, is lost in a sea of data, events, and details. Everyone needs to be able to do some fundamental summarizing to get through life.

Suppose that a new next-door neighbor moves in. The first time you see her, she says that your hair looks like a birds' nest. The next day, she says that your lawn looks like it has been dug by dogs and that your house is painted a rather unattractive color. Later she says that the cookies you brought over tasted like dirty feet. (1)How could you summarize your encounters with this neighbor?

(2)Studies show that students who write summaries remember the main points of an original text with greater accuracy than students who do not. There have been several studies to test the power of summarizing as a study technique. A college researcher assigned students in a psychology course to three different groups. The first group just listened to a video-taped lecture. Another heard the lecture, but had three four-minute pauses during the lecture to allow time for them to look over their notes. The final group had the same lecture and pauses, but was told to write a summary of the information during each pause. All groups were given a test immediately after and another twelve days later. Both the pause group and the summary group exceeded the first group on both measures. Most important, the summary group's performance did not decrease significantly over the twelve-day gap, and they were better able to recall information from the lecture than the other two groups.

In another study, (3)students who were told to study a text about biology to teach the text to a classmate by summarizing or explaining performed better than students who were told simply to read the text or listen to a partner's explanation. Clearly, summaries have a powerful effect on the ability to remember information.

Students who are effective summarizers are also more able to take in and integrate new information. As they look for connections between ideas and find the main theme of what they read and hear, they can learn more easily and more effectively. (4)Many students think of learning as something that just happens when they read a text over and over again. Summarizing strategies provides them with a way to store incoming ideas efficiently and keep them for future use.

（出典：Kissner, E.(2006). *Summarizing, paraphrasing and retelling: Skills for better reading, writing and test taking*. Heinemann. pp. 1-2. 一部改変）

問1　下線部(1)の質問について，簡潔に答えなさい。

問2　下線部(2)で言われていることの根拠を，英文に即して説明しなさい。

問3　下線部(3)を和訳しなさい。

問4　下線部(4)を和訳しなさい。

（宮城教育大）

10

標準解答時間 30分

次の英文を読み設問に答えなさい。

Research on animal language has included the study of bees, birds, sea mammals, and various *primates. Some of these studies deal with *pheromones, * scents involved in sexual behavior. Here we are going to look at how bees communicate with one another to locate food sources. ①Observations have shown that honeybee communities send out other bees to look for food. When food is located, these scout bees return to the *hive and recruit other bees to help them bring back the food. First, the recruiter gives the others a sample of the food, so they'll know their goal. Next, the recruiter performs a dance that (A) the location of the food. The dance can have two shapes. The ②'round' dance is circular and is used when the food is within 100 meters of the hive; the ③'wagging' dance involves a *stretched-out figure eight and is used when the food is farther away. The rate at which the bee does the wagging dance shows the distance to the food source; the farther it is, the slower the bee dances. Also, the energy of the wagging indicates the quality of the food.

Distance is not the only information needed; the bees also have to know the direction to the food source. ④With the round dance, there seems to be no indication of direction, perhaps because the short distance makes it less important to have this information. With the wagging dance, however, direction is indicated by the orientation of the bee's head. The hive is typically *vertical. The bee takes the top of the hive to be the sun. If the bee faces straight ahead when performing the dance, the food source lies directly below the sun. If the bee's head is angled 60° off the vertical, for example, then the food is located at a 60° angle from the sun.

The dances of four species of honeybees have been studied so far, and in three of those species the dancing bee produced a low-frequency sound that seems to be (B) in providing the information. These three species perform their dance both in the light and in the dark; that is, they do not have to have the best visual circumstances. The one species that is silent during the dance always performs in daylight. Thus sound might well be adding information in cases in which the bees might miss visual information.

The bees who witness the dance generally arrive at the food source without much difficulty, but sometimes there are problems. If there is a barrier between the hive and the food source, the recruiter bee cannot give directions around it. Instead, the other bees fly in a straight path toward the food source; when they meet the barrier, they typically fly up and over it even if the path the recruiter bee flew in returning to the hive was shorter. Eventually, they (C) *shortcuts on their own.

（出典）Donna Jo Napoli, *Language Matters* (Oxford University Press)　抜粋（一部変更）。

(注)　primates　霊長類，　pheromones　フェロモン，
scents　匂い，　hive　ミツバチの巣箱，
stretched-out figure eight　8の字を引きのばした形，∞の形，
vertical　垂直の，　shortcuts　近道

問1　(A)～(C)の空欄に入る最も適切な語を，それぞれの選択肢(a)～(d)から1つずつ選び，記号で答えなさい。

(A)　(a) changes　(b) chooses　(c) identifies　(d) reaches
(B)　(a) essential　(b) formal　(c) noisy　(d) quiet
(C)　(a) dance　(b) forget　(c) learn　(d) miss

問2　下線部①を日本語に訳しなさい。

問3　下線部② round dance（円形ダンス）と下線部③ wagging dance（尻振りダンス）について次の問に答えなさい。

(1)　円形ダンスをする時と尻振りダンスをする時の，巣箱から食べ物（蜜）のある場所までの距離の違いを日本語で説明しなさい。
(2)　尻振りダンスでは，食べ物のある場所までの距離をどのように示しているのか日本語で説明しなさい。

問4　下線部④を日本語に訳しなさい。

問5　次の(1)～(3)の記述は，本文の内容を言い換えたものである。それぞれの空欄に入る最も適切な語句を，選択肢 (a)～(d) から1つずつ選び，記号で答えな

さい。

(1) The wagging dance indicates the quality of the food (　　) the distance to and direction of the source.

(a) as far as　　(b) as well as　　(c) in spite of　　(d) instead of

(2) When performing the wagging dance, the bee indicates the direction to the food source by (　　) its head.

(a) hitting　　(b) pulling　　(c) reversing　　(d) turning

(3) A barrier between the hive and the food can make it (　　) for the recruiter bee to show the route.

(a) difficult　　(b) effective　　(c) possible　　(d) unpleasant

（山形大）

MEMO

河合塾
SERIES

英語長文読解

―読み方から解法まで―

標準編

河合塾講師
天倉 一博・中島 健・村瀬 亨 共著

河合出版

CONTENTS【解答・解説編】

1

●解答

問 1

㋐ d　㋑ d　㋒ d　㋓ c　㋔ d

問 2

(あ) b　(い) d　(う) b

問 3

(1) a　(2) d　(3) b　(4) d

問 4

b, e

●設問解説

問 1

㋐ breathe「呼吸する」は基本的な単語だが，たとえわからないとしても，and makes our hearts beat faster「(赤色で) そして心臓の鼓動が速くなる」の heart さえわかっていれば，d. であることが推測できる。

㋑ 前の段落で赤色について述べた後，話は青色に移っていることから，d.「一方」であると見当をつけることができる。

㋒ But 以下の文からは，青色が心の平安に役立つとか，寝室の色に最適だとか，青色の良い効果について述べている。したがって，d. を選んで青色は improve performance「成績を向上させる」とすべきだろう。

㋓ 直後の文に，「刑務所の壁がピンクに塗られていると，囚人は暴力的でなくなった」とあるので，calming color は c. を選んで「心を穏やかにする色」とするのがよい。

㋔「刑務所の壁がピンクに塗られていると，囚人は暴力的でなくなった」という内容から，ピンク色を試した例であることをつかめば，d.「実験」が最も適切であることがわかる。

問 2

(あ)

選択肢の意味

a.　take care of A 「A の世話をする，気をつける」
b.　think of A 「A を考える」
c.　deal with A 「A を扱う」
d.　forget O 「O を忘れる」

consider O 「O を考える」は覚えておきたい単語だが，わからないとしても，それに続く赤色の具体例から，b. think of を選んで「赤色を（例にとって）考えてみよう」という意味であると推測する。

(い)
選択肢の意味
  a.　briefly 「簡潔に，手短に」
  b.　carefully 「注意深く」
  c.　freely 「自由に」
  d.　totally 「全く，すっかり，完全に」
completely「完全に，すっかり」を知らないとしても，red を強めていることから，d. の totally「全く，すっかり，完全に」であると判断する。

(う)
選択肢の意味
  a.　paint O 「O に（色を）塗る」
  b.　select O 「O を選ぶ」
  c.　chase O 「O を追跡する」
  d.　change O 「O を変える」
choose O 「O を選ぶ」の意味はおわかりだろう。仮にわからないとしても，carefully「注意深く」とか，ダッシュの後の「色は思ったより大いに役立つ」という内容から，b. select を選んで「注意深く選びなさい」ということだろう，と読めるのではないか。

問３
(1)「［　　］は悲しみの色として言及されている」
選択肢の意味
  a.「青」　　b.「白」　　c.「黄色」　　d.「緑」
第３段落の第①文に Blue, on the other hand, is known as the color of sadness.「他方，青は悲しみの色として知られている」とあるので，a. の Blue が正解。sorrow≒sadness を知っていれば容易な問題。

(2)「［　　］がレストランで最もよく使われるのは，その色の方がお腹を空かせる効果があるからである」
選択肢の意味
  a.「ピンク」　　b.「緑」　　c.「青」　　**d.「赤」**
第２段落の最終文に It's also the most popular color for restaurants because it makes us hungrier. とあり，この第２段落は red のことに関して説明している段落なので，It = Red となり，正解は d. Red ということになる。

(3)「黄色は目に［　　］そして喧嘩っ早くさせる」
選択肢の意味

a.「心を落ち着かせる」 **b.「気に障る，不快な」** c.「くつろいだ気分にさせる」
d.「よい，効果がある」

第5段落の第④文に Yellow annoys the eyes and makes people want to fight.「黄色は目をいらだたせ，人々を喧嘩っ早くさせる」とある。したがって，b. unpleasant を選べば be unpleasant for ...「…に障る / 不快である」となり，第④文の意味と一致する。

(4)「緑は病院に □ 色だと考えられている」
選択肢の意味
a.「偽りの」 b.「奇妙な，見知らぬ」 c.「不愉快な」 **d.「ふさわしい」**

第4段落の第③文に And green is a very popular color for hospitals.「緑は病院にとてもよく使われる色である」とある。なぜよく使われるかは，この段落の第①文に Green tends to relax us because it is the color of nature.「自然の色だから，緑は私たちをリラックスさせる傾向にある」とある。一般的に病院は緊張するところであることを考えれば，リラックス効果が必要だろう。したがって，正解は d. suitable「ふさわしい」となる。

問4

a.「囚人は，壁がピンクに塗られているとより攻撃的になった」
第5段落第②文には「囚人は刑務所の壁がピンクで塗られていた方が暴力行為が少なくなった」とあるので，本文と一致しない。

b.「人々は赤色の部屋だと時間の経つのがはやいと思うだろう」
第2段落の第⑤文には「赤色が酒場やカジノでよく見られるのは，赤色だと時間がはやく過ぎ去るように思えるからだ」とあるので，本文と一致する。

c.「黒色だと私たちはくつろいだ気分になれる」
本文には黒色についての説明はないので，一致しない。

d.「青色はアメリカではお金や嫉妬の色として知られている」
第4段落に「アメリカでは，緑はお金と嫉妬の色である」とあり，青色のことではないので，本文と一致しない。

e.「生徒は青色の部屋ではテストでより良い成績を示す」
第3段落の最終文に青色のもう1つの効果として「生徒はテストの点数を上げられる」とあり，本文と一致する。

全訳例

¶1 私たちは，常に色に囲まれ，色の世界に住んでいる。色により私たちの生活は美しくなる。しかし，色の効果はそれだけではない。

¶2 赤はどうだろうか。ご存じのように，赤は火や血の色である。赤色によって私たちは息をするのが速くなり，心臓の鼓動が速くなる。もし人が真っ赤な部屋で長い間過ごせば，人は苛立ち，攻撃的にさえなるだろう。しかし，赤は酒場やカジノでよく見かける。というのも，赤色によって時間が速く過ぎ去るように思えるからである。赤はまたレストランで最もよく使われる色でもある。というのも，赤色を見るとお腹が空きやすくなるからである。

¶3 他方，青色は悲しみの色として知られている。盲目の人や貧しい人を描いたピカソの絵画を思い起こしてみるとよい。しかし，青でまた，安らいだ気持ちになれる。だから，明るい青は寝室に最も合う色である。青のもう1つの効果は，成績が上がるということである。青い部屋だと，生徒はテストで高得点を取り，重量挙げの選手は挙上重量を伸ばすことができる。

¶4 緑は，自然の色だから，私たちをくつろいだ気分にさせる傾向がある。テレビのトークショーのゲストは，テレビに出演する前に，「緑の部屋（楽屋）」で待つ。そして緑は病院で非常によく使われる色である。アメリカでは，緑は別の重要な意味をもっている。緑はお金と嫉妬の色なのだ！

¶5 しかし，ピンクが最も心を落ち着かせる色かもしれない。ある実験で，囚人たちは，刑務所の壁がピンクに塗られていた方が暴力的でなくなった。それに対して，黄色は刑務所では最悪の選択であろう。黄色は目をいらだたせ，人々を喧嘩っ早くさせる。

¶6 だから，注意深く色を選ぼう。色は思っているより大いに役に立つものだから。

¶1

For Slash Reading

❶We live in a world of color, / always surrounded by it. / ❷Color gives beauty to our
私たちは色の世界に住んでいる / いつも色に囲まれて / 色は私たちの生活に美しさを
lives / — but that isn't the only thing it gives. /
与える / しかし，それはそれが与える唯一のものではない /

Sentence Structure

●付帯状況を表す分詞構文

① We live in a world of color, always surrounded by it.

➜ always (being) surrounded by it と being を補ってもいい。分詞構文は副詞句だから動詞 live にかかって，live「住んでいる」と同時に起こっていることを補足的に説明している。したがって，訳し方は「いつもそれ（色）に囲まれ，色の世界に住んでいる」となる。

●関係代名詞目的格の省略

② the only thing ([**that**] it gives) 「それ（色）が与える唯一のもの」
M

➜ 先行詞に the only がある場合原則として関係代名詞は that にする。

Words & Phrases

- ☐ color 「色」
- ☐ beauty 「美，美しさ」
- ☐ surround O 「O を囲む」

Road to Summary

第①文で,「私たちは色の世界に住んでいる」と切り出し,第②文で「色は美しいというだけにとどまらない」と言っている。

Summary

私たちは色に囲まれ生活しているが,色は美しさ以外にも効果がある。

¶2

For Slash Reading

❶Consider red. / ❷As you know, / red is the color of fire and blood. / ❸It makes us
赤色を考えてみよう / 知っているように / 赤は火や血の色である / それで私たちは
breathe more quickly / and makes our hearts beat faster. / ❹If people spend a long
呼吸が速くなる / そして心臓の鼓動が速くなる / もし人々が長い時間過ごす
time / in a room that is completely red, / they may become nervous and even
ならば / 完璧に赤い部屋で / 彼らは苛立ち攻撃的にもなるかもしれない
aggressive. / ❺But red is often seen in bars and casinos / because it makes time
/ しかし赤はよく酒場やカジノで見られる / 赤は時間が速く過ぎるように
seem to go faster. / ❻It's also the most popular color / for restaurants / because it
思わせるから / それはまた最もよくある色である / レストランに / それで私たち
makes us hungrier. /
がもっとおなかを空かすことになるから /

Sentence Structure

●無生物主語構文

③ It **makes** us **breathe** more quickly and **makes** our hearts **beat** faster
「それ(赤色)のせいで私たちは…するし,私たちの心臓は～する」

⑤ it **makes** time **seem** to go faster
「それ(赤色)のせいで時間がより速く過ぎ去るように思える」

⑥ it **makes** us **hungrier**「それ(赤色)のせいで私たちはより空腹になる」
➜ S make O C「S は O を C にする」は,無生物主語構文の場合,「S で(によって,のせいで)O は C になる」と「原因・理由」で訳すとよい。

Words & Phrases

- ☐ consider O 「O を考慮する」
- ☐ fire 「火,火事」
- ☐ blood 「血」
- ☐ breathe 「呼吸する」
- ☐ quickly 「速く,すぐに」
- ☐ heart 「心臓」
- ☐ beat 「鼓動する,打つ」
- ☐ fast 「速く」(ここでは副詞)

- ☐ spend O 「O を費やす，過ごす」
- ☐ completely 「完全に」
- ☐ nervous 「神経質な，いらいらしている」
- ☐ aggressive 「攻撃的な」
- ☐ bar「酒場」
- ☐ casino 「カジノ（賭博をする設備のある娯楽場）」
- ☐ seem to *do* 「…するように思える」
- ☐ popular 「人気のある，評判のよい」
- ☐ hungrier hungry「空腹な」の比較級

Road to Summary

赤色の影響の具体例として，第③，④文では赤色は人を苛立たせたり攻撃的にしたりすると述べ，第⑤，⑥文ではカジノやレストランなどは時間が速く経過するように感じさせる効果を利用していると言っている。

Summary

赤色は人を興奮させたり攻撃的にしたりする効果のほか，時間が速く経過するように感じさせる効果もあり，それを利用する商売もある。

¶3

For Slash Reading

❶Blue, / on the other hand, / is known as the color of sadness. / ❷Think of /
青色は / 他方で / 悲しみの色として知られている / …を考えてみよう /
Picasso's paintings / of blind and poor people. / ❸But blue also makes us feel peaceful. /
ピカソの絵画 / 盲目の人や貧しい人々の / しかし青色は私たちを心安らかにもする /
❹So, / light blue is the best color for bedrooms. / ❺One more thing that blue does /
だから / 水色は寝室に最もよい / 青色が与えるもう 1 つのこと（影響）は /
is improve performance. / ❻Students get higher test scores and weightlifters can lift
成績を改善することである / 生徒はテストでより高得点をとるし重量挙げの選手は挙上重量が増える
more / in blue rooms. /
/ 青い部屋で /

Sentence Structure

●原形不定詞の理解

⑤ One more thing (that blue does) is (to) improve performance.
S M V C

➔ 直訳では「青色がするもう 1 つのことは，成績を改善することである」だが，意訳すると「青色が与えてくれるもう 1 つの効果は，成績を改善することである」となる。

➔ 主語の部分が do で終わっている場合，補語になる不定詞の to が省かれることがある。to の省かれた不定詞を原形不定詞と呼ぶ。

［例文］All you have to *do is* (to) **wait**.「君は待っていさえすればよい」
All he can *do is* (to) **support** himself.「彼は自活するだけで精一杯だ」

Words & Phrases

- □ on the other hand「他方」
- □ be known as A「A として知られている」
- □ sadness 「悲しさ」
- □ painting 「絵画」
- □ blind 「盲目の」
- □ peaceful 「平和な，穏やかな，安らかな」
- □ light blue 「水色」
- □ bedroom「寝室」
- □ improve O 「O を改善する，良くする」
- □ performance 「成績」（他には「実行，上演，演奏，演技」などの意味がある）
- □ higher high「高い」の比較級
- □ test score 「テストの点数」
- □ weightlifter 「重量挙げ選手」
- □ lift O 「O を持ちあげる」

Road to Summary

第①，②文で青色は悲しみの色で，ピカソの絵画にもそれが表れていると言及しながらも，第③～⑥文では青色は安らぎを与えてくれるので，寝室に使われるということ，学校や重量挙げの成績に良い効果を与えるということが書かれている。

Summary

青色は悲しみの色でもあるが，安らぎ効果もあるので寝室に用いられたり，学校や重量挙げの成績を伸ばすのに良い。

Watch Word

Picasso（ピカソ）で知っておきたいこと。

Answer

Pablo Picasso（パブロ・ピカソ）はスペイン生まれだが，パリに定住し，第２次世界大戦後は南フランスに移った。ジョルジュ・ブラックとともに，キュビズムの創始者として知られる，20 世紀を代表する芸術家のひとりである。代表作品に「アビニョンの娘たち」「恋人たち」「ゲルニカ」などがある。文中の Picasso's paintings of blind and poor people は，青の時代と言われる彼の青春期に描かれた絵画「盲人の食事」と「海辺の貧しき人々」のことであろう。

¶4

For Slash Reading

❶Green tends to relax us / because it is the color of nature. / ❷TV talk show
緑色は私たちをくつろがせてくれる / それは自然の色だから / テレビトークショー
guests wait / in "green rooms" / before they appear on TV. / ❸And green is a very
のゲストは待つ /「緑の部屋（楽屋）」で / 彼らがテレビに出る前に / さらに緑は病院にとても
popular color for hospitals. / ❹In America, / green has another important meaning /
よく使われる色である / アメリカでは / 緑は別の重要な意味をもっている /
— it is the color of money and envy! /
それはお金と羨望の色である /

Words & Phrases

- □ relax O 「O をくつろがせる」
- □ nature 「自然」
- □ guest 「来客」
- □ green room は「緑の部屋」だが「楽屋」のこと。
- □ appear 「現れる」
- □ hospital 「病院」
- □ another 「別の」
- □ envy 「嫉妬，羨望」

Road to Summary

第①文で緑はリラックス効果があると述べ，第②，第③文でテレビ出演者の楽屋や病院で使われていると言っている。一方で，第④文では，アメリカでは緑はお金と羨望の色でもあると指摘している。

Summary

緑色はリラックス効果があるため，テレビ出演者の楽屋や病院でよく使われるが，アメリカではお金と羨望の色でもある。

¶5

For Slash Reading

❶Pink, / however, / may be the most calming color. / ❷In one experiment, /
ピンクは / しかし / 最も心を落ち着かせる色かもしれない / ある実験で /
prisoners were less violent / when the jail walls were painted pink. / ❸In contrast, /
囚人は暴力的でなくなった / 刑務所の壁がピンクに塗られているとき / 対照的に /
yellow would be the worst choice / for a prison. / ❹Yellow annoys the eyes / and
黄色は最悪の選択だろう / 刑務所にとって / 黄色は目を苛立たせる / そし
makes people want to fight. /
て人々を喧嘩したい気持ちにさせる /

Words & Phrases

- ☐ however 「しかしながら」（副詞）
- ☐ calming 「落ち着かせるような，落ち着いた」
- ☐ experiment 「実験」
- ☐ prisoner 「囚人」
- ☐ violent 「暴力的な」
- ☐ jail 「刑務所」（刑期が短いもの）
- ☐ wall 「壁」
- ☐ paint O C 「O を C の色に塗る」
- ⇒ S is painted C 「S が C 色に塗られる」
- ☐ in contrast 「それに反して，対照的に」
- ☐ choice 「選択」
- ☐ prison 「刑務所」（刑期が長いもの）

Road to Summary

第①文でピンクは最も心を落ち着かせる色であると言い，第②文で実験により刑務所の壁がピンクであれば囚人が暴力的でなくなると言っている。それに対して，黄色はイライラさせ，喧嘩っ早くなると記している。

Summary

ピンクは心を落ち着かせる色であるため，暴力行為を抑える効果があるが，黄色は人を苛立たせてしまう。

¶6

For Slash Reading

❶So, / choose your colors carefully / — they do more for you / than you may realize. /
だから / 注意深く色を選ぼう / それら（色）はあなたにとって大いに役立つ / 思っているより /

Sentence Structure

●命令形 + **and S + V...**

① choose your colors carefully — S + V... 「注意深く（色を）選べば…となる（する）」

➜ ここでは文中の — が and の代わりとなっていると考えてもよい。

Words & Phrases

- ☐ choose O 「O を選ぶ」
- ☐ carefully 「注意深く」
- ☐ do much 「大いに役立つ」
- ☐ realize 「悟る，はっきり理解する」

Road to Summary

結論として，色は思っているより役に立つものなので色を注意深く選んだ方がいい，と言っている。

Summary

色を選ぶときは，その効果を意識するべきである

Road to Overall Summary

第１段落で，私たちが色の世界に住んでいることが書いてある。それ以降の段落で，赤色，青色，緑色，ピンク，黄色の影響や効果について説明している。それぞれの色に関してどのように用いられているかということにも言及しているが，その部分を要約に入れると字数が多くなりすぎるので，色の効果だけでまとめるとよい。

Overall Summary

色により人の心理は様々な影響を受ける。それを考慮し，色の選択をすると良い。

主題：色には様々な効果がある
事実：赤色は気分を高揚させる色である
事実：青色は安らぎの効果がある
事実：緑色はリラックス効果がある
事実：ピンクは落ち着かせる効果があり，黄色は人を苛立たせる
結論：色の効果を意識して色を選ぶとよい

2

●解答

問1 ⑶
問2 ⑶
問3 ⑵
問4 ⑷
問5 ⑵
問6 ⑷
問7 ⑵
問8 ⑷
問9 ⑴
問10 ⑶

●設問解説

設問と選択肢の意味は以下のとおり。

問1 多くの人々は何を知らないのか。
⑴「小さな成功は失敗と異なることが多い。」
⑵「失敗と成功は多くの場合異なる。」
⑶「成功と失敗との間には多くの場合わずかな違いしか存在しない。」
⑷「失敗は多くの場合小さな成功である。」
第１段落第①文 Many people don't know ... を参照する。

問2 金メダルを獲得する人はしばしば＿＿＿＿人である
⑴「10倍速い」
⑵「２倍速い」
⑶「少しだけ速い」
⑷「決してあきらめない」
第３段落第④文，At the Olympics, ... に言及がある。

問3 「小さな違いが大きな違いを生み出すかもしれない」とは＿＿＿＿を意味する。
⑴「成功は多くの場合わずかな幸運によって決まる」
⑵「成功は多くの場合ささいな事によって決まる」
⑶「決してあきらめない」
⑷「人生は多くの場合真実である」
第２段落「１秒だけ進む速さの異なる時計」，第３段落「スポーツでの勝敗」という２つの具体例と，第４段落第①文から判断できる。

問4 勝者と敗者の違いは多くの場合＿＿＿＿である。
⑴「かなり大きい」

(2)「多い」
(3)「２倍優れている」
(4)「それほど大きくない」
第３段落第③文 The difference between ... を参考にする。

問５ この話によると，_______はたいてい成功へとつながる。
(1)「ほんのちょっとの間だけでも，大部分は優れていること」
(2)「多くの場合，ほんの少し優れていること」
(3)「１，２パーセントだけ繰り返すこと」
(4)「将来，完璧になること」
第４段落第①文 A small difference, ..., 第③文 Just a small ... から判断できる。

問６ この話によると，もし_______ならば我々はより成功できる。
(1)「我々が天才である」
(2)「我々が 10 倍優れている」
(3)「我々が完全である」
(4)「我々がほんのちょっと優れている」
第５段落第③文 They are just a ... から明らかである。

問７ 英雄は_______。
(1)「強大な力を持っている」
(2)「たいてい，ちょっとだけ優れているので成功している」
(3)「他者とは大きく異なっている」
(4)「実際には平均より美しいというわけではない」
第５段落第③文に言及がある。

問８ 第１段落の最後で，「わずかな差が規則的で繰り返される」という表現は_______を意味している。
(1)「繰り返される練習」
(2)「わずかな差は多くの場合，ほんの１，２パーセントであるということ」
(3)「わずかな差」
(4)「一連のわずかな差」
第１段落第④文 A small difference ...「わずかな差が大きな違いを生み出す」とあり，ここでは「そのわずかな差が連なる」ことを意味している。

問９ この話の最後にある「結果」という言葉は_______を指している。
(1)「あなたの成功」
(2)「あなたの努力」
(3)「もっと頑張ること」
(4)「小さな失敗」

第5段落第⑤文に why don't you try just a little harder, ...「もう少しだけ頑張ってみてはどうだろうか」とあり，第⑥文 A small difference may make a big difference「わずかな違いが大きな違いを生むかもしれない」と続き，You may be surprised by the result.「その結果に驚くだろう」と結論付けていることから答えは明白である。

問 10　この話の最適な題名は何であるか。

(1)「練習することで完全になる（習うより慣れろ）」
(2)「小さな成功」
(3)「成功の仕方」
(4)「違いを生み出さない方法」

本文全体の主旨は「小さな努力の積み重ねが大きな成功につながる」ということである。

全訳例

¶1　多くの人々は成功と失敗の間の差はしばしばとても小さいということを知らない。大半のことにおいて，人は成功するために2倍優れている必要はないし，まして完全である必要などない。実際，ほんのわずかな差で勝者と敗者に分かれる。小さな差が大きな違いを生み出すかもしれないのである。これは人生における多くの領域で当てはまる。小さな差が規則的で繰り返される場合にはなおさらである。

¶2　たとえば，1時間につき1秒だけ異なる速さで進む2つの時計について考えてみよう。1時間につき1秒だけでは大したことがないように思えるが，それは1日につきほぼ30秒になるし，1週間につきほぼ3分になり，1か月につき約12分，1年につき2時間半になる。結局，実際には，そうした2つの時計の間にはかなりの差が生まれるのである。

¶3　スポーツはもう1つのよい例である。人は勝つために他者よりもはるかに優れている必要はないのである。勝利と敗北の間の差は極めてわずかである場合が多い。オリンピックでは，勝利と敗北の差は，しばしばほんの0.1秒，あるいはほんの1あるいは2センチメートルにすぎない。そのようなわずかな差で誰が金メダルを手にするのかが決まるのである。

¶4　わずかな差は，多くの場合ほんの1あるいは2パーセントであるが，もし何度も繰り返されると，ほとんどいつでも，将来の成功へとつながるものである。天才である必要もなければ，10倍優れている必要もないし，2倍ですら優れている必要はなく，ましてや完全になどなる必要もない。たいてい，成功するにはほんのわずかな差で十分なのである。

¶5　我々のヒーローは強大な力を持っているように思えるが，実際には彼らは標準的な人間である。実際，彼らは我々とそれほど違いはない。彼らはほんのわずかだけ平均よりも速かったり，賢かったり，そして美しかったりするのである。もしも成功を望むのであれば，成功と失敗の間の差はしばしばとても小さいということを覚えておくだけでよい。だから，もう少しだけ懸命に，もう少しだけ繰り返し頑張ってみてはどうだろうか？　わずかな差が大きな違いを生み出すかもしれない。その結果にあなたは驚くだろう。

¶1

For Slash Reading

❶Many people don't know / that the difference between success and failure / is often
多くの人々が知らない / 成功と失敗の間の差は…ということを / しばしば
very small. / ❷One does not need to be twice as good, / let alone perfect, /
とても小さい / 人は2倍優れる必要はない / まして完全である（必要もない）/
in order to succeed / in most things. / ❸In fact, / often only a tiny difference
成功するために / 大半のことで / 実際 / しばしばほんのわずかな差が
separates winners and losers. / ❹A small difference may make a big difference. /
勝者と敗者を分ける / 小さな違いが大きな違いを生むかもしれない /
❺This is true / in many areas of life, / especially if the small difference is regular
これは当てはまる / 人生の多くの領域で / 特にもしその小さな違いが規則的で繰り
and repeated. /
返されるならば /

Words & Phrases

- ☐ success 「成功」succeed（動詞）
- ☐ failure 「失敗」fail（動詞）
- ☐ twice 「2倍」
- ☐ let alone 「（否定文に続けて）まして…ない」
- ☐ separate O 「O を分ける」
- ☐ winner 「勝者」win（動詞）
- ☐ loser 「敗者」lose（動詞）
- ☐ regular 「規則的な」
- ☐ repeat O 「O を繰り返す」

Road to Summary

第①文の Many people don't know に注目し，「多くの人は知らない」⇒「筆者は知っている」と考え，テーマの導入がなされていると判断する。第①文 the difference ... is often very small，第③文 only a tiny difference，第④文 A small difference，第⑤文 the small difference と繰り返し小さな違いについて論じられていることがわかる。この「小さな違い」がどうしたのか，ということをまとめる。

Summary

成功と失敗はほんの小さな差で決まる。

¶2

For Slash Reading

❶For example, / consider two clocks, / running at a speed / differing only by one
例えば / 2つの時計を考えてみよう / 速さで進む / 1時間につき1秒だけ

second per hour. / ❷Only one second per hour doesn't seem like much, / but it is
異なる / 1時間につきほんの1秒は大きくは思えない / しかし
almost a half minute per day, / or almost three minutes a week, / or about twelve
それは1日につき約30秒になる / また1週間につき約3分（にもなり） / 1か月につき
minutes a month, / and almost two and a half hours a year. / ❸Well, there's actually
約12分となり， / そして1年ににつき約2時間半（になる） / 結局，実際にはかなりの違い
quite a difference / between those two clocks. /
がある / それらの2つの時計の間には /

Sentence Structure

① consider two clocks, (**running** at a speed (**differing** only by ...))
M M

➔ 現在分詞である running 以降が two clocks を修飾している分詞の形容詞用法。
同じく現在分詞である differing 以降は a speed を修飾している。
consider two clocks, running at a speed differing only by one second per hour はわかりにくい英文である。わかりやすく書き換えると次のようになる。
Consider two clocks, one of which gains or loses only one second per hour.
「そのうち1つは1時間につき1秒だけ進んだり遅れたりする2つの時計を考えてみよう」

Words & Phrases

- ☐ consider O 「O を考慮する」
- ☐ run 「進行する」
- ☐ differ 「異なる」
- ☐ second 「秒」
- ☐ per A 「A につき」
- ☐ actually 「実際に」

Road to Summary

冒頭の For example から，前段落の具体化であることを把握する。前段落のテーマである，わずかな違いが大きな差を生むということを論じるために，「進む速さが少しだけ異なる2つの時計」を具体例として挙げている。

Summary

進む速さがわずかに異なる時計でも，結果的に大きな違いを生み出す。

Watch Word

第①文 For example はどのような主張の具体化であるのか？

Answer

「わずかな差が大きな違いを生み出す」という主張の具体例である。

¶3

For Slash Reading

❶Sports is another good example. / ❷One doesn't have to be much better / than
スポーツはもう１つのよい例である / 人ははるかに優れる必要はない / 他者
others / to win. / ❸The difference between winning and losing / is often very
よりも / 勝つために / 勝利と敗北の間の違いは / しばしばとても
small. / ❹At the Olympics, / the difference between winning and losing / is often just
小さい / オリンピックでは / 勝利と敗北の間の違いは / しばしばほんの
0.1 second / or just a centimeter or two. / ❺Such a small difference can
0.1 秒ほどである / あるいはほんの 1, 2 センチほど / そのようなわずかな違いが
determine /who gets a gold medal. /
決定しうる / 誰が金メダルを獲るのかを /

Words & Phrases

- ☐ example 「例」
- ☐ centimeter 「センチメートル」
- ☐ determine O 「O を決定する」

Road to Summary

第①文 another から，前段落に引き続き具体例が挙げられていることがわかる。この段落では，スポーツを例に出し「勝負を決定づけるのはわずかな差に過ぎない」ことを論じ，ここでもわずかな差の重要性を述べている。

Summary

スポーツもわずかな差で勝敗が決まる。

Watch Word

第①文の another からどのようなことが考えられるか？

Answer

具体例の追加である。
「進む速さの違う時計」という具体例に追加する形で「スポーツ」について論じている。

¶4

For Slash Reading

❶A small difference, / often just a percent or two, / if repeated over and over, /
わずかな違いが / 多くの場合ほんの 1, 2 パーセント / もし何度も繰り返されると /
will almost always lead to success / in the future. / ❷One does not need to be
ほとんどいつも成功につながるだろう / 将来の / 人は天才である必要は
a genius, / does not need to be ten times better, / or even twice as good, /
ない / 10 倍優れている必要はない / あるいは 2 倍ですら優れている（必要もない）/
let alone perfect. / ❸Just a small difference is usually enough to succeed. /
まして完全である（必要もない）/ ほんのわずかな差で通常成功するのに十分である /

Sentence Structure

●文構造をつかむ ― 挿入に注意 ―

① A small difference, (……), (……), will almost always lead to success in the future.
(A small difference = S, will almost always lead = V)

「わずかな違いが，(……)，(……)，ほとんどいつも将来の成功につながるものである」

➜ カンマで挟まれた部分をかっこにくくって左右をつなげてみると「主語＋動詞」の文構造がつかみやすくなる。

➜ ここでは A small difference が主語で，will (almost always) lead が動詞とわかり，因果関係を表す文であることが把握しやすくなる。

●A lead to B

➜ A lead to B は「A（という原因 [理由]）が B（という結果 [結論]）につながる」という意味で，因果関係を表している。

●副詞節中での「S + be 動詞」の省略

① if repeated over and over

➜ 副詞節を導く接続詞の直後に S V がない場合は S + be 動詞の省略を考える。本文は主節の S である a small difference が省略されている。よって，主語を補って書き換えると，If it (= a small difference) is repeated over and over となる。

Words & Phrases

- ☐ over and over 「何度も」
- ☐ A lead to B 「A は B につながる」
- ☐ future 「将来」
- ☐ genius 「天才」

Road to Summary

前段落までで具体例の提示が終わり，わずかな違いが成功につながることを繰り返し主張している。

Summary

わずかな差でも積み重なると大きな差が生まれ成功につながる。

¶5

For Slash Reading

❶Our heroes seem to have superpowers, / but actually / they are just normal
我々のヒーローは強大な力を持っているようだ / しかし実際には / 彼らはただの普通の人々
people. / ❷They are not really that much different from us. / ❸They are just a tiny
である / 彼らは我々とはそれほどまで異なっていない / 彼らはほんの少しより
bit faster, / or smarter, / or more beautiful / than average. / ❹If one wants to
速い /あるいはより賢い / あるいはより美しい / 平均よりも / もし成功したければ
be successful, / just remember / that the difference between success and
/ 覚えておけばよい / 成功と失敗の間の違いは
failure / is often very small. / ❺So why don't you try just a little harder, /
/ しばしばとても小さい / だからもう少しだけ懸命に頑張ってみてはどうだろうか /
a little more often? / ❻A small difference may make a big difference. / ❼You may be
もう少し頻繁に / 小さな違いが大きな違いを生むかもしれない / あなたはその
surprised by the result. /
結果に驚くかもしれない /

Words & Phrases

- ☐ hero 「英雄，ヒーロー」
- ☐ normal 「標準の，普通の」
- ☐ that 「それほど」(副詞)
- ☐ tiny 「ごくわずかな」
- ☐ a bit 「わずか」
- ☐ average 「平均」
- ☐ result 「結果」

Road to Summary

第①文で「我々のヒーローには強大な力があるように見えるが，普通の人である」と述べ，第②文から第④文で「ほんのわずかな差で成功する」ことに再度言及し，第⑤文以降で努力を重ねることを勧めている。

Summary

成功するためは，たとえわずかな努力であっても，積み重ねることが重要である。

Watch Word

superpower とはどんな意味か？

Answer

通常，「超能力」とは「異常な力」という意味で使うが，国際政治では「超大国」という意味になる。冷戦時代のアメリカやソビエト，2010 年代以降は中国なども超大国という。

Road to Overall Summary

第１段落で「成功と失敗を分かつのはわずかな差にすぎない」というテーマの導入がなされ，続く第２，３段落では具体例として「進む速さの違う時計」「スポーツでの勝敗」が紹介されている。第４段落で第１段落と同じ主張をし，第５段落で違いを生むためにほんの少しの努力を重ねることを勧めている。

Overall Summary

成功と失敗の差はわずかである場合が多い。たとえ少しでも努力を積み重ねることで人は成功するものである。成功を望むなら，日々の小さな努力を怠ってはならない。

主題：成功と失敗の差はわずかである
事実：１時間に１秒の差でも積み重なると大きな差となる
　　　スポーツの勝敗はわずかな差で決することが多い
立論：ちょっとした違いであっても，繰り返し行えば，成功へとつながる
結論：成功を望むなら小さな努力を積み重ねることが重要である

3

●解答

問１　A
問２　D
問３　B
問４　A
問５　A
問６　B

●設問解説

問１

選択肢の意味

A 「変化した」
B 「とどまった，そのままだった」
C 「考慮された」
D 「増大［増加］した」

直前の文には「教育，旅行，娯楽，社会的交流が，この新しい技術によって影響を受けている」とある。したがって，**A**を選んで「生活のほぼすべての領域が変化した」となるはず。

問２

選択肢の意味

A 「この競争のため，何も変わらなかった」
B 「今日，それ（その会社）は以前より大きな利益を上げている」
C 「結果として，それ（その会社）はその事業をコンピューターにまで広げた」
D 「それ（その会社）はわずか 40 年営業しただけで店仕舞いしてしまった」

この段落では，アマゾンなどの通販会社が成功した話をしている。それに，空所直前の文には「それ（そのチェーン店の書店）はアマゾンに対抗できなかった」とあるので，**D**を選んで「それ（その会社）はわずか 40 年営業しただけで店仕舞いしてしまった」となる。

問３

選択肢の意味

A 「…を雇う」
B 「…にもっと物を売る」
C 「…のプライバシーを守る」
D 「…に与える」

空所までの文の内容をつかめば埋められる。会社は顧客の個人情報をつかむと，その情報リストを他の小売業者に売り渡し，そうすると今度はその小売業者は，その情報を利用してそのリストに載っている人々（　　）という流れから，**B**を選んで「…にもっと物を売る」となることがわかるだろう。

問４
選択肢の意味
A 「学校教育はもはや人々が通う建物にあるのではなくなるだろう」
B 「教授は自分の仕事を辞めて事業を始める」
C 「学生はすべての授業にノートパソコンを持っていくだろう」
D 「学生はオンラインで情報にもっとアクセスできるようになるだろう」
前文で，オンライン教育事業の成功は教育にも大きな変化が起こる兆しとなると書かれている。空所の後には，「学生はどこにいてもインターネットで学習できる」とある。この文の中の「どこにいても」に注目すれば，**A** が選べる。**B** は，空所では学生について述べているので不適切。**C** は，学生のことであっても，その直後の文「どこでも学習できる」という内容に合わない。**D** は，「情報へのアクセス」を焦点にしているが，ここで一番言いたいことは，「情報へのアクセス」ではなく，「学校教育の変化」だから，**D** は不適切になる。

問５ 「この文章で，retail business　は（　　）商売である」
選択肢の意味
A 「人々に商品を売る」
B 「交通［輸送］手段を提供する」
C 「オンラインで人々にサービスを提供する」
D 「情報を集め，それを売る」
retail business が「小売業」であることがわかっていれば，**A** の「人々に商品を売る」がすぐに選べる。もし　retail　がわからなくても，前文に　the business of selling things to consumers　「消費者に物を売る商売」とあるのがヒントになる。

問６ 「この文章で，to track　は（　　）を意味する」
選択肢の意味
A 「宣伝する」
B 「追跡する，たどる」
C 「訓練する」
D 「競争する」
track という単語のある文の意味は「会社は顧客のオンライン活動を track して，顧客がどんなことに関心があるかを見つけ出すことができる」である。その後には，They then use this information ...「この情報を使って…」と続く。したがって，**A**，**C**，**D** とも文意に合わない。**B** の「追跡する，たどる」が正解となる。

全訳例

¶1 インターネットはこの10年から15年で急速に成長した。インターネットの利用者は2000年の3億6000万人から，2012年には25億人近くまで増えた。これは世界人口のおよそ3分の1に相当する。教育，旅行，娯楽，社会的交流など ―― 例をあげれば枚挙にいとまがないが ―― は，この新しい技術によって影響を受けている。生活のほとんどすべての分野が変化している。

¶2 今日，インターネットで消費者に物を販売する仕事ほど変化したものはない。小売業は，以前なら人々が車か他の交通手段で行った店でたいてい行われていたものだが，すっかりインターネットに移行してしまった。アマゾンや楽天といった全く新しい事業が現れ，オンラインで商品を販売することにより，大きな利益を上げている。その結果，多くの店が廃業することになった。たとえば，ボーダーズというアメリカのチェーン店の本屋が1971年に設立されたときには，各販売店で売る本をコミュニティのニーズに合わせるという事業形態が大きな成功を収めた。しかし，その本屋はアマゾンに太刀打ちできなかった。それはわずか40年営業しただけで店仕舞いした。

¶3 オンラインで買い物をする便利さを否定する人はいない。しかし，便利さとともに，他の問題もある。1つはプライバシーの問題である。会社はその顧客のオンライン活動を追跡し，その顧客が何に興味があるのかを見つけ出すことができる。それからその会社はマーケティング目的でこの情報を使用する。時には，その会社はこの情報のリストを他の小売業者に売ることさえする。すると今度はその小売業者もまたその情報を使い，リストに載っている人々にさらに物を売るということになる。

¶4 教育もまた，インターネットによって変化を受けている。2，3年前に，多くの国々の15万人を超える学生が，オンラインで提供するスタンフォード大学の授業の受講を申し込んでいた。それがあまりにも成功したので，そのオンライン授業をしていた教授は，スタンフォード大学の職を辞め，自分でオンライン教育事業を始めた。この成功例や他のオンライン授業の成功は，教育にも大きな変化が起こる兆しとなるだろう。おそらくいつの日か，学校教育はもはや人々が通う建物にあるのではなくなるだろう。それどころか，学生はどこであれ，たまたま居合わせたところでインターネットを通じて学ぶことになるだろう。

¶1

For Slash Reading

❶The Internet has grown quickly / in the last ten to fifteen years. / ❷From 360
インターネットは急速に発達した / この10年から15年で / 2000年の
million users in 2000, / it has grown to nearly 2.5 billion users in 2012. /
3億6000万の利用者から / それは2012年にほぼ25億の利用者に増えた /
❸This represents / about a third of the world's population. / ❹Education, travel,
これは…に相当する / 世界人口のおよそ3分の1 / 教育，旅行，

entertainment, socializing — the list is endless — / have been influenced by / this
娯楽，社会的交流，一枚挙にいとまがない一 / …によって影響を受けてきている / この
new technology. / ❺Virtually every area of life has changed. /
新しい技術 / ほとんどすべての生活領域が変化している /

Words & Phrases

- □ quickly 「急速に」
- □ the last
  「この前の」（ここでは「最後の」ではない。 the last ten years とは「ここ10年」という意味）
- □ million 「百万」
- □ billion 「10億」
- □ user 「利用者」
- □ represent O
  「Oを表す，Oに相当する」（「Oを代表する」という意味も覚えておこう）」
- □ education 「教育」
- □ entertainment 「娯楽」
- □ socializing 「社会的交流」
- □ list 「名簿」
- □ endless 「際限がない」
- □ influence O 「Oに影響を与える」
- □ technology 「（科学）技術」
- □ virtually 「事実上，ほとんど」
- □ area 「領域，分野」

Road to Summary

第①文で，インターネットの急速な発展を取り上げている。第②，③文で，それを具体化している。第④，⑤文で，ありとあらゆる分野でインターネットが普及し，その結果生活が変化したと指摘している。

Summary

インターネットの急速な普及により，生活のありとあらゆる分野で変化が起こっている。

Watch Word

2000年と2021年は英語でどう読むのか？

Answer

2000 = (the year) two thousand
2021 = two thousand (and) twenty one = twenty twenty one

¶2

For Slash Reading

❶Nothing is more different today than / the business of selling things to consumers /
…ほど今日変わったものはない / 顧客に物を売るという事業 /
on the Internet. / ❷The retail business, / which used to take place mostly /
インターネットで / 小売業は / 以前はたいてい行われていた /
in stores / that people went to by car or other means of transportation, /
（…する）商店で / 人々が車か他の交通手段で通った /
has decisively moved / to the Internet. / ❸Entirely new businesses, / such as
すっかり移行した / インターネットに / 全く新しい事業が / アマゾンや
Amazon and Rakuten, / have appeared and made big profits / by selling goods
楽天のような / 現れて大きな利益を上げてきた / オンラインで商品を売
on-line. / ❹As a result, / many stores have been put out of business. / ❺For
ることによって / その結果 / 多くの商店が廃業した /
example, / when / the chain of bookstores in the United States / called Borders /
たとえば / …とき / 合衆国の書店チェーンが / ボーダーズと呼ばれる/
was founded in 1971, / its business model / of matching the books sold in its store /
1971 年に設立された / その事業形態が / その店舗で売られる本を合わせるという /
with the needs of / the local community / made it very successful. / ❻However, it
…のニーズに / 地域社会 / それ(書店チェーン)を大成功させた / しかしそれはア
could not compete with Amazon. / ❼It closed its stores after only 40 years of
マゾンに対抗できなかった / それはわずか 40 年営業しただけで店仕舞いした
business. /
/

Sentence Structure

●否定語 +(A) … + 比較級 + **than** ～ = 否定語 + (A) + **as** [**so**] … **as** ～「～ほど…な (A) はない」

① **Nothing** is **more** different today **than** the business of …「今日，…という商売ほど変ったものはない」

➜ **Nothing** is **so** different today **as** the business of … と書き換えることもできる。

●文構造をつかむ ── 等位接続詞 and の結ぶものは何と何か ──

③ Entirely new businesses (S), such as Amazon and Rakuten, *have* { **appeared** (V_1) and **made** (V_2) big profits }

➜ 等位接続詞である and は，appeared と make big profits を結び，前の have につながっている。

●過去分詞句の後置修飾

⑤ the chain of bookstores in the United States (**called** Borders)
M

「ボーダーズと呼ばれる合衆国の書店チェーン」

●文構造をつかむ ── 長い主語に注意 ──

⑤ its business model (of **matching** the books (sold in its store) **with** the needs (of the local community)) made it very successful.
S A M B V O C

「その店舗で売られる本を地域社会のニーズに合わせるという事業形態は，その書店チェーンを大成功させた」

➜ its business model of *doing*「…するという事業形態」に match A with B「A を B に合わせる［調和させる］」が後続している。A は the books (sold in its store)「その店舗で売られる本」で，B は the needs (of the local community)「地域社会のニーズ」となっている。全体としては，make O C「O を C にする」の形で，it は既出の the chain を指している。

Words & Phrases

- □ different 「異なった，変わった」
- □ business 「商売，事業」
- □ consumer 「消費者」
- □ retail 「小売業」
- □ used to *do* 「以前は…した」
- □ take place 「起こる，行われる」
- □ mostly 「たいてい」
- □ means 「手段」
- □ transportation 「輸送，乗り物」
- □ decisively 「決定的に」
- □ move to A 「A に移る，移行する」
- □ entirely 「全く」
- □ A such as B = such A as B 「B のような A」
- □ appear 「現れる」
- □ make a profit 「利益を上げる，もうける」
- □ sell O 「O を売る」
- □ on-line 「オンラインで」（端末がインターネットなどに接続されていること）
- □ as a result 「その結果（として）」
- □ put O out of business 「A を廃業［倒産］させる」
- □ the chain of bookstores 「書店チェーン」
- □ found O 「O を創立する，設立する」
- □ model 「型，ひな型，模範」
- □ match A with B 「A を B に合わせる」
- □ needs 「ニーズ，必要性」
- □ local community 「（地元の）地域社会」
- □ successful 「成功した」
- □ however 「しかし（ながら）」（副詞）
- □ compete with A 「A と張り合う，A に匹敵する」

Road to Summary

第①文から第④文までで，インターネット販売が普及したことにより，従来の小売業の形態は変化し，商店が廃業に追い込まれることにもなったという流れをつかむ。第⑤文で，その実例としてアメリカの大手の書店の例を挙げている。その大手の書店は以前，地域社会のニーズに応えた販売で成功していたが，結局インターネット販売には勝てなかった，と第⑥文で述べている。第⑤，⑥文の実例は要約に入れなくてもいいだろう。

Summary

インターネット販売が普及したことにより，大手の書店であってもつぶれてしまうことがあった。

Watch Word

retail「小売り」（消費者に商品を販売すること。行商，露天商，百貨店，スーパー，通信販売など）の対義語は？

Answer

wholesale「卸売り」（商品流通における，生産と小売りの中間に位置する経済活動）。

¶3

For Slash Reading

❶No one denies / the convenience of shopping on-line. / ❷Along with this
誰も…を否定しない / オンラインで買い物をする便利さ / この便利さと
convenience, / however, / there are other issues. / ❸One issue is the matter of
ともに / しかし / 他の問題がある / 1つの問題はプライバシーの
privacy. / ❹Companies are able to / track their customers' on-line activities /
問題である / 会社は…ことができる / 顧客のオンライン活動を追跡する /
to find out / what they are interested in. / ❺They then use this information /
…を見つけ出すために / 彼らが何に関心があるか / その会社は，それから，この情報を利用する /
for marketing purposes. / ❻Sometimes, / they even sell lists of this information /
マーケティング目的で / ときどき / その会社はこの情報のリストを売りさえする /
to other retailers / who then also use the information / to sell more things /
他の小売業者に / その後彼ら（小売業者）もまたその情報を利用する / もっと物を売るために /
to the people on the lists. /
そのリストの顧客に /

Words & Phrases

- ☐ deny O 「O を否定する」
- ☐ convenience 「便利さ」
- ☐ along with A 「A とともに」
- ☐ issue 「問題」
- ☐ matter 「問題，物質」
- ☐ privacy 「プライバシー，（他人から干渉されない自由な）私生活」
- ☐ company 「会社」
- ☐ be able to *do* 「…することができる」
- ☐ customer 「顧客」
- ☐ activity 「活動」
- ☐ find out O / find O out 「O を発見する，見つけ出す」
- ☐ be interested in A 「A に興味［関心］がある」
- ☐ marketing 「マーケティング，販売」
- ☐ purpose 「目的」
- ☐ retailer 「小売業者」

Road to Summary

第①～③文で，ネット通販は便利だが，プライバシーの問題があると指摘している。第④文にあるように，ネット通販会社は顧客のオンライン活動を追跡調査することができる。そして，最終文では，その情報を他の小売業者に売ることさえあると言っている。

Summary

インターネット通販は便利だが，インターネット通販会社が，顧客の情報を追跡したり，その情報を他の小売業者に売り渡したりするという問題もある。

Watch Word

marketing「マーケティング」の本来の意味は？

Answer

消費者の求める商品やサービスを調査し，その商品の流通経路や広告などを含む製造計画から最終的な販売に至るまでの全過程を意味する。

¶4

For Slash Reading

❶Education, too, / is being changed by the Internet. / ❷A couple of years ago /
教育もまた / インターネットにより変えられてきている / 2，3 年前に /
more than a hundred and fifty thousand students / from many countries /
15 万を超える学生が / 多くの国々の /

signed up / to take a class / that Stanford University offered on-line. /
契約をした / 授業を受ける / スタンフォード大学がオンラインで提供した /
❸It was so successful / that the professor who taught it / quit his job /
それがあまりにも成功したので / その授業をしていた教授は / 自分の仕事を辞めた /
at Stanford / and began his own on-line education business. / ❹The success of
スタンフォードでの / そして自分でオンライン教育事業を始めた / この（事業の）
this and / other on-line classes / could signal / a big change coming to
成功と / 他のオンライン授業（の成功）は / …の兆しとなるだろう / 同様に教育にやってくる大きな
education, as well. / ❺Perhaps, someday schools will no longer be in buildings that
変化 / おそらく，いつの日か学校教育はもはや人々が通う建物にあるのでは
people go to. / ❻Rather, students will learn through the Internet / any place
なくなるだろう / それどころか，学生はインターネットを通じて学習するだろう / どこであれ
they happen to be. /
自分がたまたまいるところで /

Sentence Structure

so ... that 構文

③ It was **so** successful **that** ... 「それはあまりにも成功したので…」

➜ so + 形容詞・副詞 + that S V... で「あまりにも（形容詞・副詞）なので，(that 節）である」という意味になる。たとえば, He is **so** poor **that** he can't buy anything.「彼はあまりにも貧しいので何も買えない」となる。

文構造をつかむ ── 等位接続詞 and の結ぶものは何と何か ──

③ the professor (who taught it) { **quit** his job at Stanford (V1) **and** **began** his own on-line education business. (V2) }
the professor = S

「その授業をしていた教授は，スタンフォードでの自分の仕事を辞めて自分でオンライン教育授業を始めた」

動名詞の意味上の主語

④ **a big change** coming to education, 「大きな変化が教育にやってくること」
a big change = 意味上の主語, coming to education = 動名詞

➜ **a big change** coming to education, は動名詞句になっている。a big change が動名詞 coming の意味上の主語となっている。

Words & Phrases

- ☐ a couple of ... 「2, 3の…」
- ☐ a hundred and fifty thousand 「15万」
- ☐ sign up 「契約する, 申し込む」
- ☐ take a class 「授業を受ける, 受講する」
- ☐ offer O 「Oを提供する」
- ☐ professor 「教授」
- ☐ taught は teach 「教える」の過去形
- ☐ quit O 「Oを辞める」
- ☐ signal O 「Oの兆しとなる」
- ☐ A as well 「Aも」
- ☐ someday 「いつの日か」
- ☐ any place S V... 「…するところはどこでも」
- ☐ happen to *do* 「たまたま…する」(happen to be で「たまたまいる」)

Road to Summary

第①文で教育もまたインターネットによって変化していると言っている。第②, ③文で, スタンフォード大学のオンライン教育の成功例を挙げている。第④～⑥文で, オンライン教育が学校教育を変える兆しであると結論づけている。

Summary

教育においてもまた, インターネットの普及によって大きな変化が起きつつある。

Watch Word

Stanford University について知っていることは?

Answer

カリフォルニア州スタンフォードに本部を置く私立大学。東海岸のハーバード大学と並び, 世界大学ランキング上位の大学。敷地面積はモスクワ大学に次ぐ広さと言われている。

Road to Overall Summary

第1段落で, インターネットがあらゆる生活領域に影響を及ぼしていると切り出している。第2段落と第3段落では, インターネット通販の普及により生じた, 大手の書店の廃業, 顧客のプライバシー侵害などの危険性に触れている。第4段落では, 第2, 3段落のようなことがあるものの, インターネット教育が拡大し, 学校がなくとも教育が受けられるようになるかもしれないと推測している。インターネットによる影響の長所と短所という順序でまとめるとよい。

Overall Summary

インターネットはあらゆる生活領域に影響を及ぼしている。インターネット通販により買い物は便利になり，インターネット教育により学校教育にも変化が起こる兆しがある。しかし，従来の書店などの廃業や，顧客のプライバシー侵害といったマイナス面もある。

主題：インターネットの普及は，あらゆる生活領域に影響を及ぼしている
事実：インターネット通販により，従来のお店が廃業することもあった
立論：インターネット通販には顧客のプライバシー侵害などの問題もある
結論：インターネット教育が学校教育のあり方をも変えてしまう可能性がある

4

●解答

問１ ③
問２ ③
問３ ①
問４ ①
問５ ④
問６ ②
問７ ④
問８ ②
問９ ①，②，⑥

●設問解説

問１

選択肢の意味
①「ミドルネーム」
②「作家」
③「例」
④「２番目のファーストネーム」

ここは，ファーストネーム，ミドルネーム，ファミリーネームの具体例として，主語にエドガー・アラン・ポーとルイーザ・メイ・オルコットの名前が出されている。②の writers「作家」を選ぶと，「エドガー・アラン・ポーとルイーザ・メイ・オルコットはアメリカ文学の作家である」という意味になり，ミドルネームのある人名の具体例を示す意味にならない。２，３の具体例を出すときの表現として，a couple of examples を覚えておくとよい。他に，to name but a few「２，３例を挙げると」という表現もある。

［例文］I'll show you **a couple of** examples.
「いくつか例をお見せしましょう」
I'm going to give you **a couple of** examples of how my brain works.
「私の脳がどう動くか少し例をお見せしましょう」

問２

[ポイント]
＊ more A than B「B というよりむしろ A」（同一の人［物］について異なる性質の比較）
＊ for decoration「装飾のため（の）」，essential「必要な，不可欠な」

問３

the names は直前の our first and family names that are most important to us を受けている。また, the names の後の「生活を営む上で使う名前」という説明も手がかりになる。

問４

選択肢の意味

①**「アメリカ人」**
②「日本人」
③「ファーストネームの短縮形を使う人々」
④「ロバートと私」

第２段落は，アメリカ人における，ファミリーネームとファーストネームについて述べている。また，直前の One reason is that ... の中の Americans feel that using a person's first name is ... casual からも推測できる。

問５

選択肢の意味

①「…さえ」
②「まるで…であるかのように」
③「…と同じ（く）」
④**「…と違って」**

第３段落の第④文から最終文までは，日本でいかに肩書が用いられているかの例が書かれている。したがって，（ 5 ）Japanese, ... の後ろの文は we don't usually give each other titles「私たちは（つまり，アメリカ人は）大抵お互いに肩書をつけない」とあるので，Unlike を選んで「日本人とは違って」とする。

問６

選択肢の意味

①「私の社会的地位」
②**「肩書の重要性」**
③「私の考え」
④「日本の社会」

直前に,「そのような肩書が日本でどうしてそんなにも重要なのかよくわからない」とある。その中の重要な要素は「肩書がどうして日本で重要なのか」ということである。したがって，②の the importance of titles を選ぶ。

問７

選択肢の意味

①「…の点から見て，…を考慮して」
②「…にもかかわらず」
③「…の理由で」
④**「…と関係なく」**

age「年齢」も , position「地位」も，rank「階級」もすべて違いを表す言葉である。空所の前には we prefer to be treated equally「私たちは平等に扱われる方を好む」とあるので，④の regardless of を入れて「年齢や地位や階級とは関係なく」とする。

問８

選択肢の意味

①「ファーストネーム：ファミリーネームよりも重要」

⇒本文では両者のうちどちらが重要かという点については述べていない。

②「日本とアメリカにおける名前」

③「ファーストネームで呼び合う間柄になる方法」

⇒方法については述べていない。

④「日本における肩書」

⇒アメリカの場合と比較するために例として出しているにすぎない。

第３段落から，筆者は日本で名前がどのように使われているのかを実体験していることがわかる。したがって，名前に関するアメリカと日本の考え方の違いを述べていると言える。それがわかれば，②「日本とアメリカにおける名前」が答えになる。

問９

①「大半のアメリカ人は，生まれると，２つの名前がつけられる」

第１段落第①文に「アメリカ人は，生まれると，ファミリーネームに合うようにファーストネームとミドルネームがつけられる」とある。つまり，ファミリーネームは最初からあるわけだから，それに合うように「２つの名前がつけられる」というのは本文の内容に一致する。

②「多くの場合，ミドルネームは祖父母や親戚への敬意を示すためにつけられる」

第１段落第④文の前半に，「ミドルネームは，多くの場合，祖父母や他のお気に入りの親戚に敬意を表すためにつけられる」とあるので，本文の内容と一致する。

③「アメリカ人がはじめて誰かと会うとき，彼らは自分の肩書を使って会話を始める」

第３段落第③文に，「私たちは普通お互いに肩書をつけない」とズバリ書いてある。第２段落の内容と，第３段落の第①，②文から「アメリカ人は初対面のときから肩書ではなくファーストネームで呼び合う」ということがわかる。したがって，本文の内容に一致しない。

④「アメリカ人は自分のネームに肩書をつけることで社会的地位を示すのが好きだ」

第２段落・第３段落から「アメリカ人はファーストネームで呼び合うことで親しみを感じる」ことがわかり，第３段落後半には「日本人は色々なケースで肩書をつけたがる」ことの具体例が見られる。つまり，④の選択肢の内容はアメリカ人ではなく日本人に当てはまることである。

⑤「日本人は普通他人をファーストネームと肩書で呼ぶ」

第３段落の後半で「日本では何でもかんでも肩書をつけて呼び合う」とは書いてあるが，ファーストネームを使うとは一言も述べていない。これまで何度も言及しているように，ファーストネームを使って呼び合うのはアメリカ人である。

⑥「著者は，日本ではどうして肩書がこんなにも重要なのかを理解していない」

第４段落第①文にズバリ「私は，日本で肩書がどうしてそんなにも重要なのかをよくわかっていない」とあるので，本文の内容に一致する。

⑦「日本の場合と同じように，アメリカ人は平等に扱われるのを好む」

第3段落第②文には「ファーストネームを使うことでお互いに心地よく，平等だと感じられる」とあり，第4段落最終文には，we prefer to be treated equally とある。この文の we とはアメリカ人である。日本人のことではない。「日本の場合と同じように」という部分が矛盾する。したがって，本文の内容と一致しない。

全訳例

¶1 大半のアメリカ人は，生まれると，ファミリーネームとともにファーストネームとミドルネームがつけられる。（アメリカ文学から例として2人ほど挙げてみるなら，エドガー・アラン・ポーとルイーザ・メイ・オルコットが思い当たる。）ミドルネームはある種，2番目のファーストネームである。ミドルネームは，しばしば祖父母や他の優しい親戚に敬意を表するためにつけられ，必要というよりも装飾のためである。私たちにとって最も重要なのは，ファーストネームとファミリーネームであり，生活を営む上で使っている名前である。

¶2 アメリカ人がはじめて誰かと会うとき，普通，ファーストネームとファミリーネームを使って自己紹介する。「やあどうも，ロバート･スミスです。はじめまして」と。しかし，いったん紹介が終わると，私たち（アメリカ人）は，すぐにお互いをファーストネーム，あるいはそれどころかその短縮形で呼び合いはじめるだろう。「ロブと呼んでください」などと。それはなぜなのか。理由の1つは，アメリカ人は，ファーストネームを使うことでより親しくなれるし，もっと打ち解けられると感じているからである。私たち（アメリカ人）はファーストネームで呼び合えるほど親しい間柄でありたいと思っている。

¶3 もう1つの理由は，ファーストネームを使うということは話し手の社会的地位に明確な違いがなくなることになるからである。それによりお互いがより心地よく感じられ，平等だという気持ちも増す。日本人とは違って，私たち（アメリカ人）は普通，お互いに肩書をつけない（もっとも，公式な状況ではもちろん，たとえば大学の先生のことをジョーンズ教授とか，家庭医のことをウィルソン医師などと言うだろうが）。日本にはじめて来たとき，みんながファミリーネームのあとにどうやら肩書をつけているようで驚いた。私の日本語の教師は森先生だった。私の隣の人は田中さんだった。私の上司は寺田部長だった。私の野球部の友だちは，全く名前をつけることなく，ただ単に先輩とだけ呼ばれていた。そのことについて考えてみると，私は誰のファーストネームも知らないということに気づいたのだった。

¶4 どうしてそのような肩書が日本では重要なのか，私には必ずしもよくわかってはいないが，それは社会的地位を知ることの長年にわたる考え方と関係があると，私は考える。アメリカには同じ伝統がない。民主主義と個人主義についての私たちの考え方は，年齢，地位，階級に関係なく，平等に扱われる方が好ましいということであり，そういうわけで私たちはファーストネームで呼び合える間柄の方が好ましいと思っている。

¶1

For Slash Reading

❶When born, / most Americans are given a first and middle name / to go along
生まれると / 大半のアメリカ人はファーストネームとミドルネームを与えられる / ファミリー
with their family name. / ❷(Edgar Allan Poe and Louisa May Alcott are a couple of
ネームに付随する / (エドガー・アラン・ポーとルイーザ・メイ・オルコットがアメリカ
examples from American literature.) / ❸Middle names are a kind of second first
文学からの２つの例である) / ミドルネームはある種の２番目のファーストネーム
name. / ❹They are often given / to honor a grandparent or other fond
である / それらは多くの場合与えられる / 祖父母や他の優しい親戚に敬意を示すために
relative /and are more for decoration than essential. / ❺It is our first and family
/ そして 必要だというより装飾のためである / ファーストネームとファミリー
names / that are most important to us — /the names we use / to conduct the
ネームこそ / 私たちにとって最も重要である / 私たちが使う名前 / 生活を
business of our lives. /
営むために /

Sentence Structure

●副詞節中の「S + be 動詞」の省略

① **When** born

➜ 接続詞である When の直後に they (= most Americans) are が省略されている。

●more A than B「B というよりむしろ A」

④ and (they) are **more** for decoration **than** essential

➜ 同一の人[物]の性質を比較する表現で A と B は文法的に同種のものが入る。not so much A as B「A というよりむしろ B」と左右が入れ代わっていることに注意。

［例文］

＊ He is **more** a singer **than** an actor. = He is **not so much** an actor **as** a singer.
「彼は俳優というより歌手である」

＊ She is **more** lucky **than** clever. = She is **not so much** clever **as** lucky.
「彼女は抜け目がないというより幸運だ」

●It is ... that の強調構文 ―― 名詞句 our first and family names を強調する ――

⑤ **It is** *our first and family names* **that** are most important to us

➜ 文中の強調したい要素（名詞・副詞）を It is と that の間に置くことがある。これを強調構文と呼ぶ。本文では主語になる名詞句である our first and family names の部分が強調されている。

元の形は，Our first and family names (S) are (V) most important (C) to us

Words & Phrases

- ☐ go along with A 「A に付随する，ついていく」
- ☐ honor O 「O に敬意を表す，栄誉を与える」
- ☐ fond 「優しい，愛情深い」（限定用法）
- ☐ decoration 「装飾」
- ☐ essential 「必要な，不可欠な，本質的な」
- ☐ conduct O 「O を行う」
- ☐ business 「仕事，営み」

Road to Summary

第①文で，大半のアメリカ人には，ファミリーネームに加えてミドルネームとファーストネームがつけられると言う。第③文から第④文では，ミドルネームは祖父母などに敬意を表すためにつけるもので，必要であるというより装飾であると言っている。最終文で，日常生活で最も重要なのはファーストネームとファミリーネームであると強調している。

Summary

大半のアメリカ人には，ファミリーネーム以外にミドルネームとファーストネームがつけられるが，日常生活で重要なのはファミリーネームとファーストネームである。

Watch Word

エドガー・アラン・ポーとルイーザ・メイ・オルコットについて知っていることは？

Answer

両者ともアメリカの小説家である。ポーは，『鐘楼の悪魔』，『アッシャー家の崩壊』，『モルグ街の殺人』『黒猫』，その他多くの作品が日本でも読まれている。平井太郎は彼の名前をもじって江戸川乱歩というペンネームを付けた。オルコットは，『若草物語』で有名である。

¶2

For Slash Reading

❶When Americans meet someone for the first time, / we usually introduce ourselves /
アメリカ人がはじめて誰かと会うとき / 私たちはたいてい自己紹介する /
using our first and last name: / "Hello, I'm Robert Smith. Nice to meet you."/
ファーストネームとファミリーネームを使って / 「やあどうも，私はロバート·スミスです。はじめまして」/
❷But once the introductions are over, / we will soon start referring to each other /
しかし，いったん紹介が終わると / 私たちはすぐに互いのことを呼び始める /
by our first names, / or even its shortened form: / "Please, call me Rob." / ❸Why
ファーストネームで / あるいはそれどころかその短縮形で / 「私をロブと呼んでください」/ それは

is that? / ❹One reason is that / Americans feel that / using a
なぜなのか / 1つの理由は…ということである / アメリカ人は…と感じている / 人のファー
person's first name / is friendlier and more casual. / ❺We like being on a
ストネームを使うことは / より親しみやすく，より打ち解けている / 私たちはファーストネームで
first-name basis. /
呼び合える親しい間柄であることを好む /

Sentence Structure

分詞構文（分詞の副詞的用法）

① we usually introduce ourselves <**using** our first and last name>

「私たちはたいていファーストネームとファミリーネームを使って自己紹介する」

➔ using 以降が副詞句として主節 we usually introduce ourselves を修飾している。文尾の分詞構文は原則として「…しながら / …して（付帯状況）」か「～，そして…する（連続）」と訳す。

比較対象の理解

④ **using a person's first name** is friendlier and more casual (**than not using …**)

「人のファーストネームを使うことは，（使わないことより）親しみやすく打ち解けている」

➔ 比較の対象が省略されるのはそれが明確なときである。

Words & Phrases

- □ for the first time 「はじめて」
- □ introduce *one*self 「自己紹介する」
- □ last name = family name 「苗字」
- □ once S V... 「いったん…すると」
- □ be over 「終わる」
- □ start *doing* 「…し始める」
- □ refer to A 「A のことを（指して）言う，呼ぶ」
- □ shortened form 「短縮形」
  shorten「短くする」(shortened は過去分詞の分詞形容詞)
- □ friendly 「親しみやすい，好意的な」
- □ casual 「打ち解けた，何気ない」
- □ be on a first-name basis 「ファーストネームで呼び合えるような間柄である」

Road to Summary

第①文で，アメリカ人は自己紹介するとき，ファーストネームとファミリーネームを使うと言い，第②文以降で，すぐにファーストネームで呼び合う仲になることを好むとある。アメリカ人は親しみやすく打ち解けた感じを好むからである，という理由も書いてある。

Summary

アメリカ人は，打ち解けた感じを好むため，ファーストネームか，愛称で呼び合う仲になろうとする。

Watch Word

ここでの shortened form とは何か？ 具体的にはどういうものを思い浮かべられるか？

Answer

日本語で言うと，「大輔」のことを「大ちゃん」と言ったり，「香奈子」のことを「かなっち」と言ったりすること。英語名で言うと，Robert（ロバート）を，Bert（バート），Bob（ボブ），Bobby（ボビー），Rob（ロブ），Robby/Robbie（ロビー）などと省略する。Elizabeth（エリザベス）の場合，Beth（ベス），Betty（ベティ），Betsy（ベッツィー），Liz（リズ），Lisa（リーザ），Elisa（イライザ）などと省略して呼ぶ。

¶3

For Slash Reading

❶Another reason is that / using first names implies that / there is
もう 1 つの理由は…ということである / ファーストネームを使うことは，…ことを意味する / 明確な
no clear difference / in social position between the speakers. / ❷It makes us
違いがない / 話し手の間の社会的地位に / それが私たちを
feel more comfortable with each other, / more like equals. / ❸Unlike Japanese, /
お互いにもっと気持ちよくさせる / より対等者のように / 日本人と違って /
we don't usually give each other titles / (although / in formal situations / we will,
私たちは普通互いに肩書をつけない / (…だけれども / 公式な状況では / 私たちは，
of course, refer to a college teacher, / for example, / as Professor Jones / or
もちろん，大学の先生のことを…と呼ぶだろう / たとえば / ジョーンズ教授と /
a family physician as Dr. Wilson). / ❹When I first arrived in Japan, / I was
あるいは家庭医のことをウィルソン医師と（呼ぶ））/ 私がはじめて日本に来たとき / 私は
surprised that / everyone seemed to have a title / after his or her family name. /
…ことに驚いた / 皆が肩書をもっているように思えた / 自分のファミリーネームの後に /
❺My Japanese teacher was Mori sensei. / ❻My next-door neighbor was Tanaka san. /
私の日本語の先生は森先生だった / 私の隣の人は田中さんだった /
❼My boss was Terada bucho. / ❽My friends in my baseball circle were simply
私の上司は寺田部長だった / 私の野球部の友だちはただ単に先輩と呼ばれていた
called senpai, / with no name attached to it at all. / ❾When I thought about it,
/ それには全く名前がつかずに / 私はそれについて考えたとき，

I realized / I didn't know anyone's first name! /
私は…と気づいた / 私は誰のファーストネームも知らないんだ /

Sentence Structure

使役動詞 make

② It makes us feel more comfortable「それが私たちをもっと気持ちよくさせる」
S V O C

➜ 使役動詞 make は目的格補語（第 5 文型の C）に原形不定詞をとり, make O *do*「O を［に］…させる」と訳す。その他の使役動詞として, have O *do*「O に…させる, してもらう」, let O *do*「O に…させておく」などがある。

with + 名詞（句）+ 過去分詞（付帯状況）

⑧ with no name attached to it at all「それに全く名前をつけることなく」
O C

➜ 通常, 前置詞の後ろには目的語として名詞を 1 つだけ置くが, with に O C が後続する場合がある。これを付帯状況の with と呼ぶ。C には形容詞や分詞のみならず, 副詞や前置詞による副詞句もくる場合があることに注意。

➜ it = the title

［例文］Don't speak <with your mouth full>.
O C

「口に物を入れてしゃべるな」 C が形容詞。

I feel lonely <with you away>.「君がいなくてさみしい」 C が副詞。
O C

She remained silent <with tears in her eyes>.
O C

「彼女は目に涙を浮かべて黙っていた」 C が前置詞による副詞句。

not ... anyone「誰も…ない」

⑨ I **didn't** know **anyone's** first name 「誰のファーストネームも知らなかった」

➜ 否定語 no, never, not の後ろでは any ―となることに注意。

➜ not ... anyone = no one

Words & Phrases

- ☐ imply O 「O を意味する, ほのめかす」
- ☐ clear 「明確な, 明らかな」
- ☐ difference 「違い, 差異」
- ☐ social position 「社会的地位」
- ☐ speaker 「話し手」
- ☐ make O *do* 「O を［に］…させる」
- ☐ comfortable 「快適な, 心地よい」
- ☐ equal 「対等の人［物］」
- ☐ usually 「普通」
- ☐ title 「肩書, 表題」
- ☐ formal 「公式の, 形式ばった」
- ☐ situation 「状況」
- ☐ college teacher 「大学の先生」
- ☐ professor 「教授」

- □ family physician 「家庭医」
- □ arrive 「到着する」
- □ be surprised (that) S V ...
  「…ということに驚いている」
- □ simply 「単に」
- □ no ... at all 「全く…ない」
- □ attach A to B 「A を B にくっつける」
  ⇒ A is attached to B
  「A は B にくっついている」
- □ think about A 「A について考える」
- □ realize (that) S V ...
  「…ということを認識する」

Road to Summary

第①文と第②文に，ファーストネームを使うことで対等だという気持ちになり，お互いに心地よくなる，とある。第③文で，アメリカでは日本と違って肩書はあまり使わない，とある。第④文以降は日本の肩書使用の例を挙げている。

Summary

アメリカでは，日本と違って，肩書はあまり使わず，ファーストネームで呼び合うことで対等であり，心地よいと感じる。

Watch Word

family physician 以外に医者を表す言葉は？

Answer

医者は doctor が最も一般的な語である。family doctor［physician］で「家庭医」ないしは「ホームドクター」だが，ほかにも general practitioner「一般開業医」，physician［internist］「内科医」，surgeon「外科医」などは覚えておこう。

¶4

For Slash Reading

❶I'm not exactly sure / why such titles are so important in Japan, /but I think it
私はよくわかっていない / なぜそのような肩書が日本ではそんなに大切なのか / しかし私は
has something to do with long-standing ideas about / knowing your place in
それは…についての長年にわたる考え方と関係があると思う / 社会的地位を知ること
society. / ❷In America, / we don't have the same tradition. / ❸Our ideas about
/ アメリカでは / 私たちには同じ伝統がない / 民主主義と個人主義
democracy and individualism / mean that / we prefer to be treated
についての私たちの考えは / …ということを意味している / 私たちは平等に扱われる方を
equally /regardless of age, position, or rank, / which is also why /we prefer to be on
好む / 年齢，地位，階級に関係なく / またそういうわけで / 私たちはファースト

a first-name basis. /
ネームで呼び合うほど親しい方が好ましいと思っている /

Sentence Structure

not exactly は部分否定「必ずしも…ではない，あまり…ない」

① I'm **not exactly** sure「私はあまりわかっていない」

➔ その他の部分否定は，not all，not every，not each，not both，not completely，not entirely，not wholly，not always，not necessarily，not very，not much，not too，not quite などがある。つまり，「not + 100%」を表す言葉は部分否定と押さえておく。
これに対して，全否定（全く…ない）は，not at all，not ... in the world，not ... in the least，not ... a bit などがある。

be sure why S V... 「…ということを確信している」

① **I'm** not exactly **sure** why S V...
ここでは that 節の代わりに why 節が目的語となっている。

➔ be sure why S V ... 「なぜ…なのかを確信している」から，ここでは be not sure why S V...「どうして…なのかはっきりわからない」となる。be sure ≒ know と考えてもよい。

非制限用法の **which**

③ we prefer to be treated equally regardless of age, position, or rank, **which** is also why we prefer to be on a first-name basis.
「私たちは年齢，地位，階級に関係なく平等に扱われる方を好む，またそういうわけで私たちはファーストネームで呼び合うほど親しい方が好ましいと思っている」

➔ **which** is also why ... の which の先行詞は前文の内容。
which ＝ 年齢，地位，階級に関係なく平等に扱われる方がいいということ。which is also why S V ... の訳は，this is also why S V ...「またこのようなわけで…」の形と同じだから，前文を受けて「そのようなわけでまた…」と訳せばよい。

Words & Phrases

- □ have **something** to do with A「A と何らかの関係がある」
  - → have **much** to do with A「A と大いに関係がある」，
  - have **little** to do with A「A とほとんど関係がない」
- □ long-standing 「長年にわたる」
- □ place in society 「社会的地位」
- □ tradition 「伝統」
- □ democracy 「民主主義」
- □ individualism 「個人主義」
- □ treat O 「O を扱う」
  - ⇒ be treated 「扱われる」
- □ equally 「平等に，等しく」
- □ position 「地位」
- □ rank 「階級」

Road to Summary

第①文で，日本における肩書の重要性には長い歴史があると思われるが，肩書が大切にされる理由についてはあまりわからないと言っている。したがって，ここでは，そのことを問題にするのではなく，最終文にあるように，アメリカでは年齢や地位や階級に関係なく平等に接することが好まれるから，ファーストネームで呼び合うと結論づけている点に注意する。

Summary

アメリカでは，年齢や地位などに関係なく，ファーストネームで呼び合うことが好まれる。

Road to Overall Summary

第1段落では，大半のアメリカ人にはファミリーネーム，ミドルネーム，ファーストネームがあるが，日常生活でよく使われるのはファミリーネームとファーストネームであると言っている。第2段落では，アメリカ人はファーストネームか，愛称で呼び合うのが好きだとある。第3，4段落では，日本と違って肩書はあまり使わず，ファーストネームを使うのは対等感をもちたいからだと述べている。

Overall Summary

アメリカでは，ファミリーネーム，ミドルネーム，ファーストネームというものがあるが，普通，ミドルネームは使わない。ファーストネームか愛称で呼び合うのを好む。日本のように肩書もつけない。ファーストネームで呼び合うことで対等感が生まれ親しみやすくなるのだ。

主題：ファミリーネーム，ミドルネーム，ファーストネームがあるものの，重要なのはファミリーネームとファーストネームである

事実：日常生活ではファミリーネームとファーストネームを使う。またすぐにファーストネームか呼び名で呼び合うようになる

事実：アメリカでは，日本と違って，地位を重んじて肩書を使うことはほとんどしない

結論：対等であり親しみをもって接したいという思いから，アメリカ人はファーストネームで呼び合う

5

●解答

問1 c　**問2** b　**問3** d　**問4** d　**問5** b

●設問解説

問1

a. 「もしも税金を払わなければ，必ず，死という罰を受ける。」
b. 「税金よりも生死を優先すべきである。」
c. 「税金も死も避けることはできない。」
d. 「人生には死や税金よりも大事なことがある。」

下線部は，there is nothing certain in life but death and taxes 「死と税金を除いて人生には確実なものは存在しない」という意味である。there be S「Sがある」，certain は nothing を後置修飾していること，ここでの but は等位接続詞 but「しかし」ではなく，前置詞 but「…を除いて［た］」であると気づくことがポイント。

問2

a. 「店頭での価格に加えて，税金を払わなくてはならない。」
b. 「店頭での価格は，税金と商品価格の合計を示している。」
c. 「軽減税率で商品を買うとき税金の払い戻しを受けられる。」
d. 「イギリスでの付加価値税は，購入する商品価格から控除されている。」

下線部前半は，The system currently used in the UK「イギリスで現在使われている税制」が主語であり，is が動詞である。補語には，VAT, or "Value Added Tax"，「VAT つまり『付加価値税』」が来ている。等位接続詞 or には，「すなわち，言い換えれば」という意味もあることに注意する。下線部後半は，which is already included in the price of an item 「そして，それはある商品の価格にすでに含まれている」という意味。カンマの後ろにある非制限用法の関係代名詞 which が，先行詞 VAT, or "Value Added Tax" を補足説明している。when you buy it 「（みなさんが）それを買うときに」。

問3 1992 年にチョコレートがけのビスケットを1箱 1,000 円で買っていたら，日本ではいくらの税金を払わなければならなかったか。

a. 「200 円」　b. 「80 円」
c. 「50 円」　**d. 「30 円」**

第2段落第⑥文にチョコレートがけのビスケットの記述があるが，それは同段落第④文から始まるイギリスの付加価値税の説明である。日本の消費税の説明は第3段落に書かれている。第3段落第②文から，日本の消費税は 1997 年までは 3% ということがわかる。続く第④，⑤文に，日本はイギリスと異なり，ふつうのビスケットも，チョコレートがけのビスケットも同税率であると書かれているので，1,000 円の 3% で 30 円となる。

問4 イギリスではどの商品が最も税金がかけられていないか。

a.　「大人の履物」　　　b.　「電気」
c.　「紙巻タバコ」　　　**d.　「列車運賃」**

第２段落第④文以降にイギリスの付加価値税の説明がある。a. 大人の履物は，続く第⑦文より 20% の税率である。b. 電気は，続く第⑨文より 5% の税率である。同じく第⑨文に喫煙をやめるのを手伝う商品とあるが，c. 紙巻タバコそのものにかかる税率に関する記述はない。第⑧文にはタクシー運賃は 20% であるが，バスや列車や地下鉄は非課税であると書かれている。したがって，d. が正解。

問５

a.　「日本の消費税は，子どもを持つ人々にとっては有益なものだ。」
第２段落第⑦文に，イギリスでは子ども向けの衣類や靴は非課税であるという記述があるが，日本の税制に関する記述で，子どもに関する記述はないので不正解。
b.　「イギリスの税金の制度は，日本の税金の制度よりも複雑である。」
第２段落第④文以降に，イギリスでは，付加価値税が非課税のもの，5% のもの，20% のものがあるという記述があるので，その税制は複雑であるとわかる。第３段落第④文に，日本はイギリスと異なり，一律に消費税が課されているとあり，続く第⑤文に商品によってどの税率になるかという混乱が生じないという記述がある。したがって，正解。
c.　「イギリスでは，タクシー運賃はバスや列車の運賃ほど課税されていない。」
第２段落第⑧文より不正解。
d.　「イギリスでは，電気は 20% の税金がかけられる。」
第２段落第⑨文より不正解。

全訳例

¶1　よく引用されるイギリスの諺は，人生において死や税金を除いて確実なものはないと私たちに伝えている。税金を払うことは誰にとってもあまり愉快なことではない。しかし税金がなければ，道路はつくられないだろうし，学校は開校されないだろうし，誰もゴミを収集しないだろう。そして，私たちがあって当然だと考えている多くの他のサービスも存在していないだろう。皆によって納められる税金は，皆に役立っている。

¶2　当然，イギリスも日本も両方とも，その社会サービスを支払うために税金を課す。イギリスで現在使われている税制は，VAT，つまり「付加価値税」であり，それはある商品を人が購入するときに，その商品の価格にすでに含まれている。ある企業がその顧客に財やサービスを提供するときに税金が支払われる。イギリスで支払われる税率は３つある。つまり，20% という標準的な税率，5% という軽減税率，そしてもちろん 0% であるゼロ率である。その税率は提供されている商品の種類によって異なる。もっとも，どうして異なる税率で品物が課税されるのか理解することは時には難しいけれども。例えば，仮にチョコレートをかけたビスケットを買うならば，20% という標準的な税率を払うだろう。しかし，チョコレートをかけていないビスケットを望むならば，ゼロ率が当てはまるだろう。子ども向けの衣類や履物はゼロ率で課税されるが一方では，大人向けの衣類や履物は 20% で課税される。タクシー運賃は，20% の付加価値税を含んでいる。しかし，バスや列車や地下鉄の運賃は課税されていない。5%の「軽減税率」商品のいくつかの例は，自動車用のチャイルドシートや一般家庭用の燃料費（電気，ガス，暖房用の油や固形燃料）や人々が喫煙をやめるのに役立つ商品である。また完全に免税されているいくつかの商品がある。例えば，古物や美術館や教育や医療や切手や，驚くことに賭博である。

¶3 日本の税制には似たような消費税がある。この税金は3%という標準税率で1989年に導入されたが，1997年に5%に上げられた。さらに，2014年に8%に消費税率を上げる法案が可決された。イギリスの場合と違って，日本の消費税は課税可能などのサービスや財にも適用される一律課税である。このため，異なる商品にどの税率が適用されるのかについて混乱はない。しかしチョコレートをかけていないビスケットが大好きな人は，最重度のチョコレート中毒とでも言える人と同じ税率を払わなくてはならない！

¶1

For Slash Reading

❶An often quoted English proverb tells us / that there is nothing certain in life /
しばしば引用されるイギリスの諺は私たちに伝えている / 人生において確実なものはない /
but death and taxes. / ❷Paying taxes / is not much fun for anybody / but, without
死や税金を除いて / 税金を払うことは / 誰にとってもあまり愉快なことではない / しかし税金が
taxes, / roads could not be built, / schools could not be opened, / nobody would
なければ / 道路はつくられないだろう / 学校は開校されないだろう / 誰もゴミを収集
take away our rubbish / and many other services / that we take for granted /
しないだろう / そして多くの他のサービスも / 私たちがあって当然だと考えている /
would not exist. / ❸Taxes, which are paid by all, / help everybody. /
存在しないだろう / 皆によって納められる税金は / 皆に役立つ /

Sentence Structure

●主語になる動名詞

② [**Paying taxes**] is not much fun for anybody ...
S V

「税金を払うことは誰にとってもあまり愉快なことではない…」

➜ Paying taxesは動名詞で主語になっている。

●仮定法過去完了

② **without** taxes, roads **could** not **be built**, schools **could** not **be opened**, nobody **would take** away our rubbish and many other services ... **would** not **exist**.

「税金がなければ，道路はつくられないだろうし，学校は開校されないだろうし，誰もゴミを収集しないだろう。そして…の多くの他のサービスも存在しないだろう」

➜ without A, S would [could / might] not *do* ... 「Aがなければ, Sは…しない［できない / でないかもしれない］だろう」

➜ 助動詞の過去形を見かけたら，仮定法かもしれないと推測する姿勢が大切。ここではwithout taxesが条件を表している。

●目的格の関係代名詞

② many other services (**that** we take for granted)
M/O S V

「私たちがあって当然だと考えている多くの他のサービス…」

➜ **that** we take for granted は many other services を先行詞とする関係詞節。

●非制限用法の関係代名詞

③ Taxes, (**which** are paid by all), help everybody.
S V

「皆によって納められる税金は皆に役立つ」

➜ which は非制限用法の関係代名詞（主格）で，先行詞 Taxes を補足説明している。

Words & Phrases

- □ quote O 「O を引用する」
- □ proverb 「諺」
- □ tell O that S V ... 「O に…と伝える」
- □ certain 「確実な」
- □ but A 「A を除いて［た］」
- □ tax 「税金」
- □ fun 「愉快なこと［もの］」
- □ take O away / take away O 「O を持ち去る」
- □ rubbish 「ゴミ（イギリス英語）」
- □ take O for granted 「O を当然と考える」

Road to Summary

第②文の主語 Paying taxes や，それに続く第③文の主語 Taxes から「税金」が本文のテーマであることをつかむ。

Summary

税金は愉快なものではないが，皆の役に立つものだ。

¶2

For Slash Reading

❶Naturally, / both the United Kingdom and Japan / impose taxes / to pay for their
当然 / イギリスも日本も / 税金を課す / その社会サービスの
social services. / ❷The system currently used in the UK / is VAT, or "Value
代金を支払うため / イギリスで現在使われている税制は / VAT，つまり「付加価値
Added Tax," / which is already included / in the price of an item / when you
税」である / それはすでに含まれている / ある商品の価格に / それを購入す
buy it. / ❸Tax is paid / when a business provides goods or services / to a
るときに / 税金が支払われる / ある企業が財やサービスを提供するときに / 顧客

customer. / ❹There are three tax rates / that are paid in the UK: / a standard rate of
に / 3つの税率がある / イギリスで支払われる / 20%という標準的な
20%, / a reduced rate of 5%, / and zero rate which of course is 0%./ ❺The rates vary /
税率 / 5%という軽減税率 / そしてもちろん0%であるゼロ率 / 税率は異なる /
according to the kind of item / which is being offered, / although it is
商品の種類によって / 提供されている / 時には
sometimes difficult / to understand why items are taxed / at different rates. /
難しいけれども / なぜ品物が課税されるのかを理解することが / 異なる税率で /
❻For example, / if you were to buy chocolate covered biscuits, / you would pay
例えば / 仮にチョコレートをかけたビスケットを買うならば / 20%という
the standard tax rate of 20%, / but if you wanted non-chocolate covered
標準的な税率を払うだろう / しかしもしもチョコレートのかかっていないビスケットを
biscuits, / the zero rate would apply. / ❼Clothes and footwear which are
望むならば / ゼロ率が当てはまるだろう / 子ども向けの衣類や履物は
for children / are taxed at 0%, / while clothes and footwear that are for adults /
/ ゼロ率で課税される / 他方大人向けの衣類や履物は /
are taxed at 20%. / ❽Taxi fares include 20% VAT, / but bus, train and
20%で課税される / タクシー運賃には20%の付加価値税が含まれている / しかしバスや列車や地下鉄
tube fares are not taxed. / ❾Some examples / of 5% “reduced rate” items / would be /
の運賃は課税されない / いくつかの例 / 5%の「軽減税率」商品の / …だろう /
children's car seats, home energy services (electricity, gas, heating oil and solid
自動車用のチャイルドシートや一般家庭用の燃料費（電気，ガス，暖房用の油や固形燃料）
fuels) / and products which help people quit smoking. / ❿There are also some
/ そして人々が喫煙をやめるのに役立つ商品 / またいくつかの商品も
items / which are exempt from taxes altogether, / for example antiques, museums,
ある / 税が全く免除されている / 例えば古物や美術館や
education, medical treatment, postage stamps and, surprisingly, gambling. /
教育や医療や切手や，驚くことに賭博（である） /

Sentence Structure

不定詞の副詞用法

① impose taxes <**to pay** for their social services>
M

「社会サービスの代金を支払うために税金を課す」

過去分詞の形容詞用法

② The system (<currently> **used** in the UK) 「イギリスで現在使われている税制」
M

or の用法

② VAT, **or** “Value Added Tax” はA, or B「AつまりB」という意味の言い換えのor。

主格の関係代名詞

④ zero *rate* (**which** <of course> is 0%) の which は関係代名詞（主格）で，先行詞は zero rate。
(which: M/S, is: V, 0%: C)

⑤ the *kind of* item (**which** is being offered) の which は関係代名詞（主格）で，先行詞は the kind of item。
(which: M/S, is being offered: V)

受動態の進行形

⑤ be being *done* 「…されている」

形式主語構文

⑤ **it** is sometimes difficult [**to** understand ...] は形式主語構文。
(it: 形式S, is: V, to understand ...: 真S)

名詞節

⑤ why items ... different rates は understand の目的語になる名詞節。

仮定法過去（これから先のことを仮定する）

⑥ if S were to *do* ～，S would *do* ... 「（今後）仮にSが～するとしたら，Sは…するだろう」
➔ if 節に were to *do* を用いて実現可能はないと考えている未来を仮定する。この表現は不定詞を用いた be to *do* に由来する。

⑥ if S *did* ～，S would *do* ... 「もしもSが（今）～すれば，Sは…するだろう」
➔ 現在の現実に反することを条件として仮定し，推測している。過去形を用いることで，現実との心理的な距離感を表現している。

Words & Phrases

- □ naturally 「当然」
- □ both A and B 「AとBの両方」
- □ impose O 「Oを課す，押しつける」
- □ pay A for B 「Bに対してAを払う」
- □ social service 「社会［公共］サービス」
- □ currently 「現在（のところ）」
- □ include O 「Oを含む，算入する，勘定に入れる」
- □ item 「商品」
- □ business 「企業，店」
- □ customer 「顧客」
- □ tax rate 「税率」
- □ reduce O 「Oを減らす」
- □ vary 「異なる」
- □ according to A 「Aによって」
- □ offer O 「Oを提供する」
- □ tax O 「Oに課税する」
- □ apply 「〈規則・法などが〉当てはまる」
- □ clothes 「衣類」
- □ footwear 「履物」

- □ while S V ...
  「ところが一方…する，他方…する」
- □ fare 「運賃」
- □ tube 「地下鉄（イギリス英語）」
- □ electricity 「電気」
- □ heating oil = oil for heating
  「暖房用の油」
- □ solid fuel 「固形燃料」
- □ help O *do*
  「O が…するのを手助けする，O が…するのに役立つ」
- □ quit *doing* 「…することをやめる」
- □ exempt from A 「A を免除された」
- □ altogether 「完全に」
- □ antique 「古物」
- □ medical treatment 「医療」
- □ postage stamp 「切手」
- □ surprisingly 「驚くことに」
- □ gambling 「賭博」

Road to Summary

第①文でイギリスも日本も税金があること，第②文でイギリスでは付加価値税が使われていること，第③文でそれは商品やサービスを購入する際に支払うものだということがわかる。第④文には付加価値税には 3 種類の税率があることが，第⑤文では，提供される商品やサービスの種類によって税率が異なることが書かれている。第⑥文以下は，その具体例になっている。

Summary

イギリスでは付加価値税が用いられており，それは商品やサービスを購入する際に支払うものである。その税率は購入する商品やサービスによって 20%，5%，非課税と分かれている。

Watch Word

1. UK とは何か？
2. VAT とは何か？

Answer

1. the United Kingdom of Great Britain and Northern Ireland の略称で，大ブリテン島（Great Britain）にあるイングランド（England），ウェールズ（Wales），スコットランド（Scotland）と北アイルランドを指し，いわゆるイギリスである。
2. 本文の説明にもあるように value-added tax の略称で，付加価値税と呼ばれる間接税の一種である。

¶3

For Slash Reading

❶Japan's tax system / includes a similar consumption tax. / ❷This tax was
日本の税制は / 似たような消費税を含む / この税は
introduced / in 1989 / at a standard rate of 3%, / but was raised to 5% / in 1997. /
導入された / 1989年に / 3%という標準税率で / しかし5%に上げられた / 1997年に /
❸Furthermore, a bill was passed / which raised the consumption tax rate to 8% /
さらに，法案が可決された / 消費税率を8%に上げる /
in 2014. / ❹Unlike in the UK, / the Japanese consumption tax / is a flat rate tax /
2014年に / イギリスの場合と違って / 日本の消費税は / 一律の税である /
that applies to any taxable service or product. / ❺Because of this, / there is no
課税可能などのサービスや財にも適用される / このため / …について
confusion about / which rate will apply to different goods, / but lovers of non-
混乱はない / 異なる商品にどの税率が適用されるのか / しかしチョコレートの
chocolate covered biscuits / have to pay the same tax / as even the
かかっていないビスケットが大好きな人は / 同じ税を払わなくてはならない / ものすごい
biggest chocoholics! /
チョコレート中毒とでも言える人と /

Sentence Structure

●離れた先行詞の把握

③ a bill (S) was passed (V) (**which** (M/S) raised (V) the consumption tax rate ... (O))

「消費税率を…上げる法案が可決された」

➜ which は関係代名詞（主格）で，先行詞は a bill。長い主語を避けて，which 以下が動詞の後に置かれている。

●間接疑問文

⑤ **which rate** will apply to different goods「異なる商品にどの税率が適用されるか」は間接疑問文で，about の目的語。

Words & Phrases

- ☐ tax system 「税制」
- ☐ similar 「類似の，似たような」
- ☐ consumption 「消費」
- ☐ introduce O 「O を導入する，紹介する」
- ☐ raise O 「O を上げる」
- ☐ furthermore 「さらに，その上」
- ☐ bill 「法案」
- ☐ pass O 「O を通す，(法案など) を可決する」
- ☐ unlike A 「A と違って」
- ☐ flat 「均一の」
- ☐ apply to A 「A に当てはまる」
- ☐ taxable 「課税可能な」

- ☐ product 「製品，商品」
- ☐ because of A 「A の理由で」
- ☐ confusion 「混乱」
- ☐ lover of O 「O が大好きな人」
- ☐ chocoholic ＜ ...-holic 「…中毒者」

Road to Summary

第①文で日本にもイギリスの付加価値税と類似のものがあり，続く第②，③文でその税率の推移が書かれている。第④文で，イギリスとの違いが述べられており，第⑤文で，その長所と短所が書かれている。

Summary

日本にもイギリスの付加価値税と類似の消費税があるが，その税率は一律であり，商品やサービスによって税率が異なる付加価値税とは異なる。

Watch Word

日本の消費税（consumption tax）の推移を本文と現状を踏まえて書きなさい。

Answer

日本の消費税は，1989 年に導入されたときの 3% という税率が，1997 年に 5%, 2014 年に 8%，さらに 2019 年に 10% に上げられ，その際に軽減税率も導入された。

Road to Overall Summary

第 1 段落で税金が本文のテーマであると示され，税は愉快なものではないが，皆のためのものだとある。第 2 段落では，イギリスと日本という固有名詞があることから，税金についての両国事情が具体的に書かれていると推測し，後続する文から，イギリスについてのテーマであるとわかる。第 2 段落の内容は，イギリスでは付加価値税が導入されていて，その税率が購入する商品やサービスによって異なり，また免税品もあることが書かれている。第 3 段落では，日本という固有名詞から，日本がテーマになっていると推測して，日本にもイギリスの付加価値税と類似の消費税があるが，それは商品やサービスに対して一律に課せられるものだと書かれている。

Overall Summary

税金は愉快なものではないが，皆のためになるものだ。イギリスでは，付加価値税（VAT）というものがあり，それは商品やサービスを購入する際に支払うものだ。付加価値税の税率は，購入する商品やサービスによって異なる。他方，日本ではイギリスの付加価値税に類似した消費税があるが，それはイギリスと異なり，購入する商品やサービスに一律の税率がかけられるものだ。

主題：税金は皆の役に立つものだ
事実：イギリスでは付加価値税が用いられ，その税率は商品やサービスの種類によって分かれる
事実：日本では消費税が用いられ，その税率は一律である

●解答

<パラグラフ1>　b
<パラグラフ2>　a
<パラグラフ3>　c
<パラグラフ4>　d
<パラグラフ5>　b

●設問解説

各選択肢の意味とポイントは以下のとおり。

<パラグラフ1>

a.「ここで強調されているのは，知識を得ることと能力を得ることの類似性である」
第③文にある「強調される点において違いが存在する」という主張と異なる。
b.「勉強に関して言うと，知識を得ることと能力を得ることは必ずしも同じではない」
第③文と同内容であることがわかる。
c.「勉強に関して言うと，まず知識を得ることが必要である」
このような主張は本文に記述なし。
d.「残っていることは他者の行いを真似ることである」
このような主張は本文に記述なし。

<パラグラフ2>

a.「賢明に思考し行動する際に知識が重要な役割を果たす」
第④文に「知的な思考と行動は基盤としてしっかりとした知識を有する」とあることから，知識の重要性を論じたこれが正解。
b.「教育は一般に，知恵の価値を下げると考えられている」
第③文の内容と真逆となっている。
c.「知性は知識以上に行動と思考を重要視する」
第④文で「賢明な思考と行動には知識が必要である」とあることから，優劣をつけるのではなく，両者の必要性を語っていることを読み取る。
d.「知識がほとんどないときに，能力が増すことは確かだろう」
本文に記述なし。

<パラグラフ3>

a.「勉強するとき，情報を得ること以上に重要なものは何もない」
第①文で，「伸ばせる最も重要な能力は，勉強する能力であり，それは試験の前の晩に行うことではない」と論じている。
b.「試験の前の晩に行うことはあなたが伸ばす必要のある最も重要な能力である」
第①文と明確に矛盾する。

c.「重要なことは，新たな問題に出くわした際に，解決策を見つけることができるということである」
第②文に勉強法を学ぶことの重要性として，上記の内容が論じられている。
d.「もし成功したければ，情報の集め方を学ぶ必要がある」
本文には単なる知識の獲得以上に，勉強法を学ぶことが重要であると論じられてはいるが，情報の集め方という限定はない。

<パラグラフ４>
a.「あなたが必要とする情報は決して無駄にはならないものである」
第①文と明確に矛盾する。
b.「情報を集めるほど，情報の分析が深まる」
本文に記述なし。
c.「作業に知性を適用しようとすることですぐに世界をコントロールすることが無駄になる」
第③文には勉強法を学ぶことの説明として，「周りの世界を理解しコントロールするという作業に知性を適用すること」とあるが，この選択肢で語られている内容とは全く異なる。
d.「勉強の仕方がわかれば生涯役に立つだろう」
第①文に，情報を分析，収集，解釈する能力はすぐには廃れないという趣旨の記述があり，第④文では勉強の仕方を身につける際に，思考と生き方を学んでいるとの記述があることからこれが正解と判断できる。

<パラグラフ５>
a.「書物から学ぶことは経験から学ぶことほど重要ではない」
第③文の内容と明確に矛盾する。
b.「書物と日々の経験から学ぶことが関連づけられるべきである」
第③文の内容と合致する。
c.「十分な情報を集めるときに，勉強はより豊かな意味で満たされる」
第④文に「これをすれば，勉強している科目はより豊かな意味で満たされる」とあるが，ここで論じられている「これ」とは，第③文にある知識と経験を結びつけることであり，この選択肢にあるような十分な情報収集のことではない。
d.「大学で学ぶ場合に限り，あなたの観察と行動は役立つことになる」
本文に記述なし。

全訳例

¶1　勉強には２つの目的が存在する。１つは一定の知識体系を獲得することである。もう１つは物事を行うための一定の能力を獲得することである。明らかに，これら２種類の勉強に明確な境界線は存在しない。しかしながら，知識を獲得するための勉強と，知識を使ったり，物事を行ったりするための能力を獲得するための勉強の間には重点の置き方の違いが存在する。

¶2 大学での勉強に関しては，能力を伸ばす面に主として重点が置かれるべきである。教育によって能力が高められるべきである。つまり勉強したり，遊んだり，読書したり，思考したり，そして他者を理解したりする能力である。こうした教育は知識の地位を下げてはいない。知的な思考と行動には常に，その基盤として堅固な知識がある。

¶3 あなたの伸ばすことができる最も価値ある能力の１つは勉強する能力であり，それはテストの前日の晩に伸ばすようなものではない。そうではなく，自主的に新しい問題に取り組み，それについて良い解決策が思い浮かぶまで考え抜くことができるように，あなたは勉強の仕方を学ばなければならない。何かを行う方法を習得することもまた，真の勉強を通して達成できる成果である。効果的に勉強ができるようになることは，単にある大量の情報を獲得することよりもはるかに重要である。

¶4 ほとんどの分野で情報はすぐに役に立たなくなるかもしれない。他方，問題を分析すること，必要な情報を集めること，そしてその情報を解釈することはすぐにその力を失うことのない技能なのである。勉強の仕方を知ることは，情報について思考し，集め，体系立て，そして分析することに等しい。それは知性を我々の周りの世界を理解しコントロールするという作業に応用することである。勉強の仕方がわかるようになると，あなたは思考の仕方や生き方がわかるようになる。学生たちが勉強の仕方を学んでいないとき，自分たちの教育に関して最も重要な仕事がなされていないままになっている。

¶5 勉強には，本や教室から得るものだけでなく，直接観察し，実際に行動することで得られるものも含まれている。しかし，直接多量の知識や見解を集めることなどできないから，高校や大学での勉強は本で勉強することに大いに依存することになる。したがって，本から学習することを日々の，あるいは直接経験と結びつけようとすべきである。そうすれば，あなたが勉強する教科は，自分自身の観察と活動を通してではないと得られないような大きな意味を帯びてくる。

¶1

For Slash Reading

❶There are two aims / in study: / one is to acquire certain bodies of knowledge; /
２つの目的が存在する / 勉強の中に / １つは一定の知識体系を獲得することである /
the other is to acquire certain abilities / to do things. / ❷Clearly, / there is no sharp
もう１つは一定の能力を獲得することである / 物事を行うための / 明らかに / 明確な境界線は
line / between these two kinds of study. / ❸There remains, / however, /
ない / これらの２種の勉強の間には / 残っている / しかし /
a difference in emphasis between / studying to acquire knowledge / and studying to
…の間の重点の置き方の違いが / 知識を獲得するための勉強 / 知識を使ったり
acquire the ability to use knowledge and to do things. /
物事を行ったりする能力を獲得する勉強 /

Sentence Structure

●譲歩構文

② **Clearly**, there is no ... ③ There remains, **however**, a difference in ...

「明らかに…はない。しかしながら，…における違いは残っている」

➔ 筆者は，一般論や予想される反論を先に語り，その後自説を論じることで読者に受け入れてもらいやすくしようとすることがある。これを譲歩構文と呼ぶ。以下のパターンを覚えておこう。

It is true (that) ..., but ～
Of course, / Sure, / Certainly, / Clearly ..., but ～
S may[might] *do* ..., but ～

●There 構文

③ There remains, <however>, a difference <in ...>
(remains = V, a difference = S)

「しかしながら…において違いが残っている」

➔ There V S という倒置構文は，主語の存在や出現を表す。この構文では存在を表す be 動詞を主に用いるが，appear[seem] to *do*, come, exist, happen, live, remain, stand なども用いられることがある。

●文構造をつかむ ── 等位接続詞 and の結ぶものは何と何か ──

③ between {
studying (to acquire knowledge)
and$_1$
studying (to acquire the ability {
(**to use** knowledge)
and$_2$
(**to do** things))
}
}

➔ 等位接続詞である and は文法上対等なものを結ぶ。何と何が結ばれているかの判断は，直後を見て，同じ形を前から探すことから始まる。上記 and$_1$ の直後には studying という動名詞が続いており，前の動名詞 studying と結ばれ，ともに前置詞 between の目的語になっている。また，the ability の後ろでは to use knowledge と to do things が同様に and$_2$ によって結ばれ，ともに同格用法で ability を修飾している。これは be able to *do* の名詞表現であることも押さえておく。

Words & Phrases

- ☐ aim 「狙い，目的」
- ☐ acquire O 「O を獲得する」
- ☐ knowledge 「知識」
- ☐ ability 「能力」
- ☐ sharp 「明確な」
- ☐ difference 「違い」
- ☐ emphasis 「強調点，重点」

Road to Summary

第②文 Clearly と第③文 however から譲歩構文であることを把握したうえで，however 以降が重要情報であると判断し，そこを中心にまとめる。

Summary

知識を獲得するための勉強と，知識を応用する能力を獲得するための勉強には違いが存在する。

¶2

For Slash Reading

❶With regard to studying in college, / major emphasis ought to be placed / on the
大学での勉強に関して / 主に強調が置かれるべきである /

side of developing your abilities. / ❷Education should increase your powers: / your
能力を伸ばす面に / 教育は能力を高めるべきである /

abilities to work and play, / read and think, / and understand others. /
学び遊ぶ能力 / 読んだり考えたりする / そして他者を理解する /

❸This does not minimize the place of knowledge. / ❹Intelligent thought and action /
これは知識の地位を下げてはいない / 知的な思考と行動は /

always have sound knowledge / as their basis. /
常にしっかりとした知識を有する / それらの基盤として /

Sentence Structure

●受動態の把握

① major emphasis (S) ought to be placed (V) <on the side of developing your abilities> (M)

➔ 受動態に助動詞が付く場合は,「助動詞＋ be ＋過去分詞」という語順となる。上記の文は, you ought to place (V) major emphasis (O) <on the side of developing your abilities> (M)

「(人は) 能力を発達させることを主に重要視すべきである」からの受動態となっていることを把握する。

➔ place[lay / put] an emphasis on A「A を強調 , 重要視する」

Words & Phrases

- ☐ with regard to A 「A に関して」
- ☐ major 「主要な」
- ☐ education 「教育」
- ☐ minimize 「軽視する，最小化する」
- ☐ sound 「しっかりとした」
- ☐ basis 「基盤」

Road to Summary

第①文 ought to，第②文 should から筆者の主張が論じられていることがわかる。

Summary

大学教育では，知識もさることながら，学生の能力を伸ばすことが求められるべきである。

¶3

For Slash Reading

❶One of the most valuable abilities / you can develop / is the ability to study, / which
最も価値ある能力の１つは / 伸ばすことのできる / 勉強する能力である / それは
is not something you do the night before an exam. / ❷Rather, you have to learn how
テストの前の晩にするようなものではない / そうではなく，勉強の仕方を学ばなければ
to study / so you can independently approach a novel problem / and think it through
ならない / 自主的に真新しい問題に取り組めるように / そして良い解決策が得られ
to a successful solution. / ❸Mastering a method of doing something /
るまでそれについて考え抜く（ことができるように）/ 何かを行う方法を習得することは /
is also an accomplishment / that can be achieved through genuine study. /
成果でもある / 真の勉強を通して達成できる /
❹Learning to study effectively / is far more important / than merely acquiring a
効果的に勉強ができるようになることは / はるかに重要である / 単に特定の大量の情報を
particular body of information. /
獲得することよりも /

Sentence Structure

●目的を表す副詞節

② you have to learn how to study <so (that) you can independently approach ...>
S V O M

「…に自主的に取り組めるように（あなたは）勉強の仕方を学ばなければならない」

➜ so that S will[can / may] *do*「S が *do* するために［できるように］」は「目的」を表す構文。in order that S will[may / can] *do* と書き換えられるが，so that に比べやや堅苦しい表現。

Words & Phrases

- ☐ valuable 「価値ある」
- ☐ independently 「自主的に」
- ☐ novel 「真新しい」
- ☐ think O through 「O を考え抜く」
- ☐ successful 「うまくいく」
- ☐ master O 「O を習得する」

- □ method 「方法」
- □ accomplishment 「成果」
- □ achieve O 「O を達成する」
- □ genuine 「真の」
- □ effectively 「効果的に」
- □ merely 「単に」
- □ a body of A 「大量の A」
- □ particular 「特定の，個々の」

Road to Summary

段落全体を通して，the ability to study や how to study とはどんなものなのかを説明している。そこをまとめる。

Summary

新たな問題に自主的に取り組み，良い解決策を考え出せるような勉強が重要である。

¶4

For Slash Reading

❶In most fields, / information may quickly become useless, / whereas analyzing a
ほとんどの分野で / 情報はすぐに役に立たなくなるかもしれない / 他方，問題を分析する
problem, / gathering the necessary information, / and interpreting that information
こと / 必要な情報を集めること / そしてその情報を解釈することは
are skills /that will not lose their power so quickly. / ❷Knowing how to study is
技能である / すぐにはその力を失うことのない / 勉強方法を知ることは
equivalent / to knowing how to think about, gather, organize, and analyze information. /
等しい / 情報についての考え方，集め方，体系の立て方，そして分析の仕方を知ることに /
❸It is the application of intelligence / to the task of understanding and controlling
それは知性を応用することである / 我々の周りの世界を理解しコントロール
the world about us. / ❹In learning to study, / you are learning to think and to live. /
する作業 / 勉強の仕方を学ぶ際 / あなたは思考し生きることを学んでいるのだ /
❺When students do not learn how to study, / the biggest job of their education /
学生が勉強法を学ばないと / 彼らの教育に関する最大の仕事が /
is left undone. /
なされていないままである /

Sentence Structure

●文構造をつかむ ― カンマと and による並列 ―

① S_1 [analyzing a problem],
S_2 [gathering the necessary information], } are skills.
and　　　　　　　　　　　　　　　　　　　　V　C
S_3 [interpreting that information]

➜ S である動名詞句が並列となっている。

Words & Phrases

- □ field 「分野」
- □ quickly 「すぐに」
- □ useless 「無駄な，役に立たない」
- □ whereas 「…だが一方」
- □ analyze O 「O を分析する」
- □ gather O 「O を集める」
- □ interpret O 「O を解釈する」
- □ skill 「技術」
- □ equivalent 「等しい」
- □ organize O 「O を体系立てる」
- □ application 「適用，応用」
- □ task 「作業」
- □ control O 「O を制御する」
- □ undone 「なされていない，未完成の」

Road to Summary

前段落の内容をさらに詳しく述べている。「単なる知識の獲得ではなく，その知識を応用し，身の周りの世界を理解し，コントロールできるようにしなければならない」と説いている。

Summary

知識を獲得するだけでなく，その知識を応用し，身の周りの世界を理解し，コントロールできるようにならなければならない。そしてそれこそ生きていくうえで役立つ能力なのである。

¶5

For Slash Reading

❶Study includes not only what you gain / from books and the classroom / but also
勉強には得るものだけが含まれるのではない / 本と教室から /
what you acquire / through direct observation / and through actual
獲得するものも（含まれる）/ 直接観察することを通して / そして実際に行うことを
performance. / ❷However, / because it would be impossible / to collect stores of
通して / しかしながら / （それは）できないだろうから / 直接多量の知識や

knowledge and points of view firsthand, / studying in high school and college /
見解を集めることは / 高校や大学での勉強は /
depends to a great extent / on studying from books. / ❸Therefore, / you should aim
大いに依存する / 本からの勉強に / したがって / 結び付けようと
to tie / your book learning / to your everyday or firsthand experiences. /
すべきである / 読書による学習を / 毎日のあるいは直接の経験に /
❹When you do this, / the subject you are studying / becomes filled / with richer
これを行うとき / 勉強する科目は / 満たされるようになる / より豊かな
meanings / that only your own observations and activities can bring. /
意味合いで / 自分自身の観察と活動のみがもたらすことのできる /

Sentence Structure

●文構造をつかむ ── **not only A but also B** ──

① Study includes **not only** [what you gain <from books and the classroom>]
S V A

but also [what you acquire { <through direct observation>
B
and
<through actual performance>].

➜ 2つの what 節が not only A but also B のそれぞれ A と B になっていて，includes の O となっている。後半の what 節内の 2 つの through ... が and により並列されていることにも注意。

Words & Phrases

- ☐ include O 「O を含む」
- ☐ not only A but (also) B 「A だけでなく B も」
- ☐ gain O 「O を得る」
- ☐ direct 「直接の」
- ☐ observation 「観察」
- ☐ actual 「実際の」
- ☐ performance 「実行」
- ☐ stores of 「多数の，大量の」
- ☐ point of view 「観点」
- ☐ firsthand 「直接に［の］」
- ☐ depend on A 「A に依存する」
- ☐ to a great extent 「大いに」
  ⇒ to some extent 「ある程度」
- ☐ aim to *do* 「…しようとする」
- ☐ tie A to B 「A を B に結び付ける」
- ☐ experience 「経験」
- ☐ subject 「科目」
- ☐ filled 「満たされて」
- ☐ meaning 「意味，意義」

Road to Summary

第③文，Therefore, should から最終的な主張が論じられていると判断する。

Summary

読書から学んだことを観察や経験と結び付けられるようにしたい。

Road to Overall Summary

第１段落で，２つの勉強の仕方を区別し，第２段落以降では，単に知識を得ること以上に，知識を活用できる能力を伸ばす教育が重要であると繰り返し主張している。第５段落では，結論として，書物を通して学んだことも，日々の観察や経験と結び付けることが大切だと論じている。

Overall Summary

勉強は，知識を得るための勉強と，知識を活用する能力を伸ばす勉強とに分類できる。学校教育においては，知識の獲得だけでなく，その知識を活用する能力を伸ばす方法を身に着けさせることが重要となる。そのためには，授業や読書から得た知識を日々の観察や経験と結び付けるような勉強が推奨されるべきである。

主題：単なる知識の獲得だけではなく，知識を活用する能力を伸ばす勉強が重要である

事実：知識それ自体だけでは役に立たなくなるものであるが，情報を集めたり分析する能力は失われることはない

立論：知識を活用し，身の周りの世界を理解し，コントロールできるようにしなければならない

結論：授業や書物から学んだ知識を日々の観察や経験と結び付けることが大切である

7

●解答

（1） 心にかたちを与えること（頭の中でかたちとして思い描くこと）。

（2） 1つは，見たり，聞いたり，においをかいだり，味を調べたり，触ったりして，五感による体験をすること。もう1つは，五感による体験について話したり，それについて考えたりするための言葉を身につけること。

（3） b

（4） ［解答例］One should go out into nature.

（5） c

（6） 他方では，どんな鳥も目にした経験ももたないのに全ての鳥の名前を知っている人は，鳥について情報をもっているとはならないであろう。あなたがその経験をもたなければ，経験にかたちを与えることはできない。鳥について頭の中で「かたち」になるには，あなたは現実世界の中で鳥が飛ぶのを見つめたり，鳥が歌うのに耳を傾けたりしなければならない。

●設問解説

（1）

第2段落第④文に注目する。It means “to give form to the mind” (*Oxford English Dictionary*).「それは『心にかたちを与える（こと）』（オックスフォード英語辞典）を意味している」とある。It (=The word inform) であることから，“to give form to the mind” を訳せばよい。

［参考］「聲の形」というアニメーション映画にこの世界観が描かれている（監督：山田尚子，原作：大今良時）

（2）

第3段落第②文の do it は直前の give form to our minds を受けているので，We do it に続く by having sensual experiences ... and learning words ... の部分をまとめる。

（3）

「災害を経験した人とメディアを通してそれを知った人は＿＿＿＿＿＿＿＿」

選択肢の意味は以下のとおり。

a. 「その災害について同じくらい知っている」

b. 「その災害に関する理解が大きく異なっている」

c. 「その災害についてお互いに語りかけることによって同じ理解を共有することができる」

d. 「双方ともインターネットを通じてその経験を形成させた」

第5段落第⑤，⑥文参照。b. が正解。

（4）

such information は春について実際に感じられる情報のことなので，「自然の中へ出かけていくべき」という内容の英文にする。

（5）
選択肢の意味は以下のとおり。

a. 「今日の人々は歴史上いちばん情報をもっている人々である。」
b. 「コンピュータを通じて，人々はリアルな経験をもつことができる。」
c. 「真の情報は五感による体験を必要とするはずである。」
d. 「農家は情報を得るためにコンピュータを利用する。」

メディアやインターネットなどを通して得た情報と実体験を通して得た情報は同じではない，という全体の趣旨から，c. が適当。

（6）
上位構造
<On the other hand>, a person（who ...） would not be informed <about birds>.
M S M V M
「他方では，…人は鳥について情報をもっているとはならないであろう」
主格の関係代名詞 who が先行詞 a person を修飾していることを把握する。
→ on the other hand「その一方で」
→ would は仮定法過去の助動詞で，主語が条件になっている。

下位構造
who ... → knew the names（of all the birds）<without having seen any birds>
V O M M
「どんな鳥も目にした経験ももたないのに全ての鳥の名前を知っている（人）」
→ knew は仮定法過去の動詞である。
→ without having *done* は仮定法過去なので完了形動名詞になっている。「…したことがないのに」という意味。
→ 訳文からわかるように，鳥を見たこともないのにその名前を知っている人などいないという前提から仮定法過去の文で書かれていることに注意。

上位構造
You can't give form <to experience> <unless S V ...>
S V O M M
「もしも…しなければ，（あなたは）経験にかたちを与えることはできない」
→ unless S V ... 「もしも…しなければ」

下位構造
unless S V → you have the experience 「あなたがその経験をもつ」
S V O

< To have “forms” in your mind about birds >, you must watch them fly and listen to them sing < in the real world >.
S V O C V
O C M
「鳥について頭の中で『かたち』をもつためには，あなたは現実世界の中で鳥が飛ぶのを見つめたり，鳥が歌うのに耳を傾けなければならない」
→ To have ... は不定詞の副詞用法（目的）であることを把握する。
→ 等位接続詞 and が watch them fly と listen to them sing を結び，ともに in the real world につながっていることに注意。
→ watch + O（目的語）+ *do* 「O が…するのを見つめる」
→ listen to + O（目的語）+ *do* 「O が…するのに耳を傾ける」
→ them はどちらも birds を受けて［指して］いる。

全訳例

¶1 世界中でますます多くの人々がコンピュータを使ってより多くの時間を過ごしている。何百万という人々がインターネットに接続している。コンピュータを通して，私たちは大量の情報にアクセスできる。つまり，人々が今までに手にしてきたよりも多くの情報だ。私たちは歴史上最も情報をもつ人々になれるのである。

¶2 このことは本当なのか。このことについて考える際に，inform という単語に目を向けることが有用である。それは元々は何を意味しているのだろうか。それは「心にかたちを与える（こと）」（オックスフォード英語辞典）を意味している。

¶3 どのようにして私たちは自分の心にかたちを与えるのだろうか。五感に基づく経験（見ること，聞くこと，においをかぐこと，触れること，味わうこと）をもつことや，それらの経験について語ったり考えたりするために単語（概念）を学ぶことによって，私たちはそれをしている。子どもの頃，あなたは木々の中で何かを目にする。誰かがあなたに「鳥」という単語を教える。もしもあなたがその単語しか知らなければ，あなたが目にすることになるものは鳥しかない。もしもあなたが種々の鳥の名前を知れば，あなたはスズメ，ツバメ，そしてキツツキが見えてくるだろう。

¶4 したがって，学ぶことは私たちの経験に inform する（かたちを与える）のだ。他方では，どんな鳥も目にした経験ももたないのに全ての鳥の名前を知っている人は鳥について情報をもっているとはならないであろう。あなたはその経験をもたなければ，経験にかたちを与えることはできない。鳥について頭の中で「かたち」となるためには，あなたは現実世界の中で鳥が飛ぶのを見つめたり，鳥が歌うのに耳を傾けたりしなければならない。

¶5 「死」という単語を取り上げよう。インターネットからあなたはいろいろな原因で去年どれくらいの数の人々が亡くなったのか知ることができる。このことはあなたが死について知っていることを意味するのだろうか。「X という国で，2 万人の人々が飢餓で亡くなった」とあなたが言うとき，あなたは自分が言っていることがわかっているのだろうか。災害（例えば，阪神大震災）を経験した人々は，自分自身とメディアを通してその災害を知った人々との間に極めて大きな理解の隔たりに気づいている。彼らはお互いに語り合うことはできないのである。

¶6 もっと明るい例を取り上げて，「春」という単語について考えてみよう。その単語にどのようにあなたはかたちを与えることができるだろうか。雪が溶け，動物が長い眠りから出てくる春。その特別な音やにおいをもつ春，空気や地面すら違ったように感じられるとき。人はそのような情報を手に入れるためにはどこに行くべきなのだろうか。

¶7　違った形でそれを表現するならば，農業をして 20 年を過ごした人と，インターネットに接続して 20 年を過ごした別の人について想像してごらんなさい。後者が（前者よりも）情報をもっているということは確かなのだろうか。

¶1

For Slash Reading

❶All over the world / more people are spending more time / using computers.
世界中で / （以前よりも）多くの人々が多くの時間を過ごしている / コンピュータを使って
/ ❷Millions of people / are on the Internet. / ❸Through the computer, / we can
/ 何百万という人々が / インターネットに接続している / コンピュータを通して / 私たちは
access a lot of information: / more information than people have ever had. / ❹We
大量の情報にアクセスできる / （つまり）人々が今までに手にしてきたよりも多くの情報だ / 私たちは
can become the most informed people in history. /
歴史上最も情報［知識］をもつ人々になれる /

Sentence Structure

●文構造をつかむ ―コロン（:）による詳述と言い換え―

③ Through the computer, we can access a lot of information**:** more information than people have ever had.

「コンピュータを通して，私たちは大量の情報にアクセスできる。つまり，人々が今までに手にしてきたよりも多くの情報だ」

➜ コロン（:）によって，2つの名詞句 a lot of information と more information ... ever had が並列され，言い換えられていることに注意。抽象から具体への流れと考える。

●比較級＋ **than S have[has] ever *done*** 「S がこれまで…したよりも～」

③ Through the computer, we can access a lot of information: **more information than people have ever had.**

「コンピュータを通して，私たちは大量の情報にアクセスできる。つまり，人々が今までに手にしてきたよりも多くの情報だ」

➜ 比較級＋ than S have[has] ever *done* 「S がこれまで…したよりも～」は最上級で書き換えられることに注意。→ **the most information** that people have ever had 「これまで人々が手にしてきた最大の情報」

Words & Phrases

- ☐ all over the world 「世界中で」
- ☐ spend O *doing* 「…して O（時間）を過ごす［費やす］」
- ☐ millions of A 「何百万という A」

- □ on the Internet 「インターネットに接続して」
- □ through A 「A を通じて，A によって，A のおかげで」
- □ access O 「O にアクセスする」
- □ informed 「情報に通じた，知っている，知識のある」

Road to Summary

インターネットによって多くの人々が情報を入手でき，その結果，人々は史上例を見ない程の情報をもつ可能性があるということが書かれている。

Summary

現代はインターネットによる情報化社会になっている。

¶2

For Slash Reading

❶Is this true? / ❷In thinking about this, / it is useful to look at the word
このことは本当なのか / このことについて考える際に / inform という単語に目を向けることが有用
"inform." / ❸What does it originally mean? / ❹It means / "to give form to
である / それは元々は何を意味しているのだろうか / それは…を意味している / 「心にかたちを与え
the mind" (*Oxford English Dictionary*). /
る（こと）」（オックスフォード英語辞典） /

Sentence Structure

●前置詞の目的語になる動名詞

② In **thinking** about this, it is useful to look at the word "inform."

「このことについて考える際に，inform という単語に目を向けることが有用である」

➔ 前置詞の後ろに動詞を続けるには，動名詞の形にしなくてはならないことに注意。

例 1. by *doing* 「…することによって」

例 2. without *doing* 「…せずに」

●形式主語構文

② In thinking about this, **it** is useful [**to look** at the word "inform]."

（it＝形式S，is＝V，useful＝C，to look ...＝真S）

「このことについて考える際に，inform という単語に目を向けることが有用である」

➔ it は to 以下を指している。

Words & Phrases

- ☐ in *doing* 「…する時に」
- ☐ useful 「役立つ」
- ☐ inform 「知らせる，情報を提供する，知識を与える」

Road to Summary

第2段落では，第1段落で書かれているインターネットによる情報化社会について疑問を提起し，そもそも情報とは何かという原点に帰って問いかけている。

Summary

果たして，私たちは歴史上最も情報をもつ人々になれるのか。情報という言葉の原点に帰ると，それは「心にかたちを与える」という意味だ。

¶3

For Slash Reading

❶How do we give form to our minds? / ❷We do it / by having
どのようにして私たちは自分の心にかたちを与えるのだろうか / 私たちはそれをしている / 五感に基づく
sensual experiences / (seeing, hearing, smelling, touching, tasting) /
経験をもつ[する]ことによって / (見ること，聞くこと，においをかぐこと，触れること，味わうこと) /
and learning words (concepts) / to talk and think about those experiences. / ❸As a
そして単語(概念)を学ぶこと(によって) / それらの経験について語ったり考えたりするために / 子ども
child, / you see something in the trees. / ❹Somebody teaches you the word "bird." /
の頃 / あなたは木々の中で何かを目にする / 誰かがあなたに「鳥」という単語を教える /
❺If you only know that word, / all you will see are birds. / ❻If you
もしもあなたがその単語しか知らなければ / あなたが目にすることになるものは鳥しかない / もしも
learn the names of different birds, / you will see sparrows, swallows, and
あなたが種々の鳥の名前を知れば / あなたはスズメ，ツバメ，そしてキツツキが見えて
woodpeckers. /
くるだろう /

Sentence Structure

●文構造をつかむ ── 等位接続詞 and の結ぶものは何と何か？──

② *by* { **having** sensual experiences (seeing, hearing, smelling, touching, tasting)
and
learning words (concepts) to talk and think about those experiences }

➜ 等位接続詞である and は文法上対等なものを結ぶ。何と何とが結ばれているかの判断は，直後を見て，同じ形を前から探すことから始まる。上記 and の直後には learning という動名詞が続いており，前の動名詞 having と結ばれ，ともに前置詞

by の目的語になっていることを把握する。

副詞節中の「S ＋ be 動詞」の省略

③ **As** a child 「(あなたが) 子どもの時」

➡ 副詞節中の「S + be 動詞」は省略可能であるため，上記の文は As **you are** a child と考えるとよい。

all ＋不完全文

⑤ all (you will see) are birds
S S′ V V′ C

➡ all の後ろでは目的格の関係代名詞 that が省略されるのが普通である。「all (that) S V ...」という形で，「S が V する全部」という意味だが，all には only のニュアンスがあるので，「S が V するものは…だけ」 と訳すとよい。

Words & Phrases

- □ by *doing* 「…することによって」
- □ sensual 「感覚的な」
- □ concept 「概念，観念」
- □ sparrow 「スズメ」
- □ swallow 「ツバメ」
- □ woodpecker 「キツツキ」

Road to Summary

この段落では，第 2 段落に書かれていた，inform という単語の定義である「心にかたちを与える」とは具体的にはどういうことなのかを説明している。

Summary

心にかたちを与えるとは，五感に基づく経験とその経験について語り，思考するための語彙を学ぶことである。

¶4

For Slash Reading

❶Therefore, learning “informs” (gives form to) our experience. / ❷On the other
したがって，学ぶことは私たちの経験に inform する（かたちを与える） / 他方では
hand, /a person who knew the names of all the birds / without having seen any
/ 全ての鳥の名前を知っている人は / どんな鳥も目にした経験ももた
birds / would not be informed about birds. / ❸You can’t give form to
ないのに / 鳥について情報をもっているとはならないであろう / あなたは経験にかたちを与えることは
experience / unless you have the experience. / ❹To have “forms” in your mind about
できない / もしもあなたがその経験をもたなければ / 鳥について頭の中で「かたち」となるためには

birds, / you must watch them fly / and listen to them sing in the real
/ あなたは現実世界の中で鳥が飛ぶのを見つめたり / 鳥が歌うのに耳を傾けたりしなければ
world. /
ならない /

Sentence Structure

●仮定法過去 ── 主語が条件を表す ──

② **a person ... would not be informed** about birds

➜ 「S would *do* ...」という形で，主語が条件を表す仮定法過去の文の場合がある。「S ならば…するだろう」と訳す。ここでは，a person を先行詞とする関係代名詞の節内の knew や without having seen の形も仮定法過去に合わせていることに注意。

●主格の関係代名詞

② a person (**who** knew the names of all the birds without having seen any birds)
「どんな鳥を目にした経験ももたないのに全ての鳥の名前を知っている人」

➜ who knew ... any birds は a person を先行詞とする関係詞節。

●文構造をつかむ ── 等位接続詞 and の結ぶものは何と何か？──

④ you *must* { **watch** them fly **and** **listen to** them sing } in the real world

➜ 等位接続詞である and は文法上対等なものを結ぶ。何と何とが結ばれているかの判断は，直後を見て，同じ形を前から探すことから始まる。上記 and の直後には listen to ... という知覚動詞が続いており，前の知覚動詞 watch ... と結ばれ，ともに助動詞 must につながっていることを把握する。

Words & Phrases

- ☐ therefore 「それゆえに」
- ☐ without *doing* 「…せずに[しないで]」
- ☐ unless S V ... 「もしも…しなければ」
- ☐ watch O *do* 「O が…するのを見つめる」
- ☐ listen to O *do* 「O が…するのに耳を傾ける」

Road to Summary

第3段落では，inform とは「心にかたちを与える」ことであり，それは学ぶ［知る］ことであると書いてあったが，ここでは，単に学ぶ［知る］ことだけでは不十分であり，それにはリアルな経験が伴わなければならないということが，鳥についての話を例に書いてある。

Summary

学ぶことは私たちの経験にかたちを与えるが，一方で学ぶことだけでは，経験したことにはならない。心にかたちを与えることとは，リアルな経験も伴うのだ。

¶5

For Slash Reading

❶Take the word "death." / ❷From the Internet / you can learn /
「死」という単語を取り上げよう / インターネットから / あなたは…を知ることができる /
how many people died last year / from various causes. / ❸Does this mean
どれくらいの数の人々が去年亡くなったのか / いろいろな原因で / このことは…を意味
/ that you are informed about death? / ❹When you say, / "In Country
するのだろうか / あなたが死について知っているということ / あなたが…と言うとき / 「X という国で
X, 20,000 people died of starvation," / do you know what you are saying? /
2 万人の人々が飢餓で亡くなった」 / あなたは自分が言っていることがわかっているのだろうか /
❺People who experienced disasters (for example, the Hanshin Earthquake) / find a
災害（例えば，阪神大震災）を経験した人々は / 極めて
huge understanding gap / between themselves and people / who learned about
大きな理解の隔たりに気づいている / 自分自身と人々との間に / メディアを通してその
the disaster through the media. / ❻They are unable to talk to each other. /
災害を知った / 彼らはお互いに語り合うことはできない /

Sentence Structure

●主格の関係代名詞

⑤ People (**who** experienced disasters (for example, the Hanshin Earthquake))
「災害（例えば，阪神大震災）を経験した人々」
➔ who experienced ... Hanshin Earthquake は people を先行詞とする関係詞節。

⑤ people (**who** learned about the disaster through the media)
「メディアを通してその災害を知った人々」
➔ who learned ... the media は people を先行詞とする関係詞節。

Words & Phrases

- ☐ take O 「O を取り上げる」
- ☐ how many ＋可算名詞 (A) 「どれくらいの（数の）A が（…するか）」
- ☐ various 「様々な」
- ☐ mean (that) S V ... 「…ということを意味する」
- ☐ die of A 「A（が原因で）で死ぬ」
- ☐ starvation 「飢え，飢餓」

- ☐ disaster 「災害，災難」
- ☐ earthquake 「地震」
- ☐ huge 「巨大な，莫大な」
- ☐ gap 「溝，隔たり」
- ☐ be unable to *do* 「…できない」

Road to Summary

第4段落では，鳥の名前を例に，リアルな経験の必要性が書いてあったが，ここでも，「死」という単語を例にとって，災害を直に経験した人とメディアを通して知った人との間には大きな隔たりがあることが書かれている。

Summary

「死」についての報道はメディアを通して日々接しているが，実際に災害などを通して生死の境に直面した人と，メディアを通してそれを知った人との理解には大きな隔たりがある。

¶6

For Slash Reading

❶To take a more positive example, / think of the word "Spring." / ❷How can you give form to that word? / ❸Spring with snow melting, animals coming out of a long sleep; / Spring with its special sounds and smells, / when even the air and ground feel different. / ❹Where should one go / to get such information? /

もっと明るい例を取り上げて / 「春」という単語について考えてみよう / あなたはその単語にどのようにかたちを与えられるだろうか / 雪が溶け，動物が長い眠りから出てくる春 / その特別な音やにおいをもつ春 / 空気や地面すら違ったように感じられるとき / 人はどこに行くべきなのだろう / そのような情報を手に入れるために /

Sentence Structure

●条件を表す不定詞

① **To take** a more positive example 「もっと明るい例を取り上げると」

➜ 文頭の副詞的用法の不定詞は「目的」か「条件」を表す。

●付帯状況の **with**

③ Spring **with** { snow **melting**, (and) animals **coming** out of a long sleep }

「雪が溶け，動物が長い眠りから出てくる春」

➜ 「with A *doing* 」は「Aが…している状態で」という意味で，文のＳＶと同時に起こっている出来事（付帯状況）を表す。ここでは，with 以下は Spring を修飾する形容詞句になっている。また，形の上で並列となっていることに注意。

Words & Phrases

- □ take an example 「例を取り上げる」
- □ positive 「積極的な，前向きな」
- □ think of A 「A について考える」
- □ with A *doing* 「A が…している状態で」
- □ feel C 「C の感じがする」

Road to Summary

第5段落では，「死」という単語について実体験をもつ人とそうでない人との大きな隔たりについて書かれていたが，ここでは，より明るい「春」という単語について，どのように「かたちを与えるか」が書かれている。

Summary

「死」よりも明るい単語である「春」について考えてみよう。この「春」という単語にどのようにかたちを与えるべきなのだろうか。そのためには，やはり実際に体験をしてみなければならない。

¶7

For Slash Reading

❶To put it differently, / imagine one person who has spent 20 years farming, /
違った形でそれを表現するならば / 農業をして 20 年を過ごした人を想像してみよう /
and another who has spent 20 years on the Internet. / ❷Is it certain the latter
そしてインターネットに接続して 20 年を過ごした別の人（を想像してみよう）/ 後者がより情報をもってい
will be more informed? /
るということは確かなのだろうか/

Sentence Structure

● 条件を表す不定詞

① **To put** it differently 「違う風にそれを表現するならば」

➜ 文頭の副詞的用法の不定詞は「目的」か「条件」を表す。

● 文構造をつかむ ── 等位接続詞 **and** の結ぶものは何と何か？──

① *imagine* { **one person** (who has spent 20 years farming)
, **and**
another (person) (who has spent 20 years on the Internet) }

➔ 等位接続詞であるandは文法上対等なものを結ぶ。何と何とが結ばれているかの判断は，直後を見て，同じ形を前から探すことから始まる。上記andの直後にはanother who ... という形が続いており，前のone person who ... と結ばれ，ともに他動詞imagineの目的語になっていることを把握する。

●主格の関係代名詞

① one person (**who** has spent 20 years farming)「農業をして20年を過ごした人」
M/S V O

➔ who has ... years farmingはone personを先行詞とする関係詞節。

① another (person) (**who** has spent 20 years on the Internet)
M/S V O
「インターネットに接続して20年を過ごした別の人」

➔ who has ... the Internetはanotherを先行詞とする関係詞節。anotherの後ろには繰り返しを避けてpersonが省略されていると考えるとよい。

●形式主語構文

② Is **it** certain [(that) S V ...]?「…ということは確かであるのか」
V 形式S 真S

➔ itはthat以下を指しているが，ここでは接続詞thatが省略されていることに注意。

●注意すべき　the former「前者」とthe latter「後者」

② Is it certain **the latter** will be more informed (than **the former**)?
「後者が（前者よりも）情報をもっているということは確かなのだろうか」

➔ the former「前者」とthe latter「後者」に気をつけよう。この表現の前には2つの対になるものが書かれている。ここでは，**one person** who ... と**another (person)** who ... の2つであり，the latterはanother (person) who ... を指している。

Words & Phrases

- □ put O「Oを表現する」
- □ differently「違った風に」
- □ imagine O「Oを想像する」
- □ on the Internet「インターネットに接続して」

Road to Summary

第6段落では，「春」という単語にかたちを与えるということ，体験することの意義について書かれていたが，ここでは，さらに具体化して，実際に農業を20年やってきた人と，インターネットに20年興じてきた人との例を出して，体験や経験の意義を読者に問いかけている。

Summary

20 年間農業をやってきた人と，インターネットばかり見て 20 年過ごした人を比べてみた場合，どちらの人が真の意味で情報をもっているかは明白である。

Road to Overall Summary

第 1 段落では，インターネットの普及に伴い大量の情報にアクセスできる現状が書かれているが，第 2 段落で，これに対して問題提起がされており，inform という単語の元々の意味は，「心にかたちを与える」ことであると書かれている。第 3 段落では心にかたちを与えるとは，五感に基づく経験に加えて，語彙を学ぶことであると筆者は定義している。第 4 段落では，鳥の名前を知っていることだけでは情報をもっているとはならないことが，第 5 段落では，死について実体験ともつ者とそうでない者との温度差が，第 6 段落では，春を知っているとは具体的にどのような感覚をもつことなのか，第 7 段落では，農業という体験をして 20 年を過ごした人とインターネットを閲覧して同じ 20 年を過ごした人とどちらが「情報をもっている」のかを筆者は問いかけている。

Overall Summary

インターネットに接続すれば大量の情報にアクセスできるので，現代人は人類史上最も情報をもつことができるが，果たして本当にそうなのであろうか。inform という言葉は，元々「心にかたちを与える」と辞書にある。心にかたちを与えるとは，何かを体験し，そのことについて語彙を学ぶことである。語彙を学んでも，体験をおろそかにしている人は情報をもっているとは言えないのではないだろうか。

主題：インターネットによる情報化社会と言われるが，果たして本当なのか？
事実："inform" というのは「心にかたちを与える」ことであり，五感でつかむものである
立論：学ぶだけでは不十分であり，リアルな経験が伴わなければならない
結論：実際の経験を積んでこそ情報をもっていると言える

MEMO

8

●解答

問１　⑴ C　⑵ B　⑶ D

問２　C

問３　A，C

問４　C，E

問５　D

問６　（イ）　彼らは，実際には，宿題を全くやっていないのに，家に宿題を忘れてきたと言うかも知れない。

（ロ）　あなたの嘘がある日暴かれ，ひどく気まずい思いをしたり，人の信頼を失ったりするということになるかもしれない。

●設問解説

問１

⑴ virtue「価値」

A. cost　「費用，犠牲，損失」

B. spirit　「精神，霊，気分」

C. value　「価値」

D. vice　「悪，悪行」

直後の honesty「正直」という意味からも推測してもらいたい。

⑵ lead to A 「A につながる」

A. result from A 「（結果として）A から生じる」

B. result in A 「（結果として）A になる」

C. run across A 「A に偶然出会う」

D. run into A 「A にぶつかる，A に偶然出会う」

lying「嘘」をついた結果，the loss of trust「信頼の喪失」となるわけだから result in を選んでほしい。また，result from と result in の意味の違いは覚えておこう。

⑶ maintaining「維持すること」

A. constructing 「建設すること」

B. fixing 「固定する[直す] こと」

C. improving 「改善すること」

D. preserving 「保つ[守る] こと」

be useful in maintaining good relationships「良好な人間関係を維持するのに役立つ」という意味の流れからも preserving が適切だと判断したい。

問２

A. cause 「引き起こす，もたらす」

B. conceal 「隠す」

C. prevent 「予防する，防ぐ」

D. promote 「昇進させる，促進する，売り込む」

この段落から「親が，状況によっては，子どもに嘘をつくことを教えることがある」という意味をつかんでいれば，protective lying「防衛のための嘘」が harm or disaster「危害や災難」を「防いでくれる」と考えられる。

問３

A.「子どもたちが，幼いころのジョージ・ワシントンの話だけでなく，ピノキオや『オオカミだと叫ぶ』少年の物語から得る教訓は，正直であることの大切さである」

第１段落の第①文に「大半の子どもは，おとぎ話やその他の物語から正直という美徳を教わる」とあり，その例として，ピノキオの物語，「オオカミだと叫ぶ」少年の物語，ジョージ・ワシントンの話を挙げているので，内容と一致する。

B.「人々が正直は最善の策だということを知っていたら，嘘をつくことはしないだろう」

第１段落第⑥文で「このような類の物語は子どもたちに『正直は最善の策だ』ということを示している」と述べた後，Still, if this is the case, then why do so many people lie?「それでも，これが本当なら，なぜ嘘をつく人がこんなにも多いのか」と問いかけ，この段落の最終文で The fact is that human beings lie for many reasons.「実際に，人間は多くの理由で嘘をついている」とあることから，不一致であると判断できる。

C.「嘘をつく理由の一つは，自分の過ちをできるだけ小さくするか，あるいは取るに足らないものにしようとすることと関係している」

第２段落の第①文に One reason for lying has to do with minimizing a mistake.「嘘をつく理由の一つは，間違いを最小限にすることに関係している」とあるので，一致する。

D.「勇気のない人だけが，時々おかす間違いを認めることができる」

第２段落の第②文の主節に some people do not have the courage to admit their errors because they fear the blame.「非難されるのを恐れているから，過ちを認める勇気のない者もいる」とあるので，一致しない。

E.「宿題が終わってない生徒は，罰を避けるために，先生に白状する」

第２段落の第③文に students might lie to their teachers about unfinished homework.「生徒は宿題が終わっていないことで先生に嘘をつくかもしれない」とあり，次の文でも「実際，宿題を全くやっていないのに，家に宿題を忘れてきたと言うかもしれない」とある。したがって，一致しない。

問４

A.「週末の会議に出席したくないある管理職の女性は，上司に電話で，風邪は完全に治ったけれども，もう数日休息が必要だと言うかもしれない」

その管理職の言い訳は，第３段落の第④文にあるように，I've been fighting off a cold all week, and I wouldn't want to risk giving it to anybody else.「今週ずっと風邪をひいていて治そうとしているんですが，誰かにうつす危険を冒したくないんです」であり，内容が違う。

B.「冴えないと思える新しい髪型をして現れた仲のいい友人に，『その髪型ひどいね』と言うなら，それは罪のない嘘をついていることになる」
「罪のない嘘」とは，第４段落の第④文にあるように，冴えない髪型であっても，It's very original! It suits you,「すごく独創的だね！似合ってるよ」と言って，and spare the friend's feelings.「その友人の気持ちを傷つけないようにする」ことである。したがって，一致しない。

C.「ひどい髪型であっても似合っていると友人に言うことで，その友人の気持ちを傷つけないための罪のない嘘をついていることになる」
罪のない嘘については，Bの選択肢のところで説明済。一致する。

D.「罪のない嘘は，大半の人々から認められていない」
第４段落第⑤文に，These types of lies are generally not considered negative or wrong.「こういう類の嘘は，一般的に否定的であるとか間違っているとは見なされない」，つまり，「認められている」ということなので，一致しない。

E.「多くの人々は，自分の大切な人々に，罪のない嘘ではなく，真実を言ったことを後悔している」
第４段落第⑥文には，many people who have told the truth to those they love, only to see the negative reaction, wish they had told a white lie.「愛する人に本当のことを言って，結局，否定的な反応をされたことのある人の多くは，罪のない嘘をつけばよかったと思う」とあるので，一致する。

問５
A.「人々は自己防衛の仕方について嘘を言うことが多い」
第５段落第②文には，Parents, particularly those with small children, may teach their children to use this type of "protective" lie in certain circumstances.「親，特に幼い子どもがいる親は，ある状況では自分の子どもにこの種の「防衛的な」嘘を使うように教えることがある」という内容と矛盾する。

B.「子どもたちは自分の親を守るために嘘をつくように教えられることがある」
Aの場合と同じく，第５段落第②文の内容からわかるように，親が自分の子どもを守るために子どもに嘘をつくように教えるのであるから，一致しない。

C.「親の留守中に，子どもたちの知らない人が現れたら，子どもたちはすぐに電話で親に知らせるべきである」
第 5 段落第④文の，Many parents teach their children to explain that mom and dad are too busy to come to the phone at that time.「多くの親たちは，ママとパパは今忙しくて電話に出られないと言うように子どもに教える」という内容に矛盾する。

D.「嘘をつかなければならないと思うとき，そうする理由を慎重に考えるほうがいいだろう」
第 6 段落第②文の，before you resort to lying in order to cover up mistakes or to avoid unpleasant situations, perhaps the motives for your lies should be carefully examined.「間違いを隠したり不快な状況を避けたりするために嘘に頼る前に，嘘をつく動機を慎重に吟味検討するべきだろう」という内容に一致する。

問 6

(イ)

上位構造

They might say [that ...] <when ～>「～するとき(でさえ), 彼らは…と言うかもしれない」
S V O M

→ might は過去ではなく, 確信度の低い推量（「ひょっとしたら…かもしれない」）である。
→ when が時ではなく譲歩 (even when) であることを把握。

下位構造

that ... → they left their work <at home> 「（彼らは）宿題を家に置き忘れた」
S V O M

when ... → <in fact>, they did not do the work <at all>.
「実際は全く宿題をやっていない」
→ not ... at all「まったく…ない」

(ロ)

Your lies may <one day> be exposed and cause severe embarrassment or the loss of people's trust.
S M V V O

「あなたの嘘がある日暴かれ，ひどく気まずい思いをしたり，人の信頼を失ったりするかもしれない」
→ may は be exposed と cause にかかっている。
→ cause O 「O を引き起こす」の目的語は，severe embarrassment or the loss of people's trust。

全訳例

¶1 大抵の子どもたちはおとぎ話やその他の物語から正直であることの美徳を教わる。操り人形として人生を始めるピノキオの有名な物語は，本当のことを言う大切さを教える。ピノキオが嘘をつくたびに，その鼻がどんどん長く伸びていく。もう1つの，「オオカミだと叫ん」で，自分の羊をすべて失ってしまった少年の話は，嘘をつくことがどのように信頼の喪失につながるかということを例証している。米国では，幼い子どもたちは，幼いころのジョージ・ワシントンが最後には父親に自分が桜の木を切ったことを認めたという話を学ぶ。こういう類の物語は，「正直は最善の策である」ということを子どもたちに示す。それにもかかわらず，これが本当なら，どうしてこんなにも多くの人が嘘をつくのだろうか。実際のところ，人間は多くの理由で嘘をつくものだ。

¶2　嘘をつく理由の1つは，間違いを最小限にすることに関係する。確かに誰もがときどき間違いをするが，非難されるのを恐れるために，自分の過ちを認める勇気のない者もいる。たとえば，生徒は，宿題が終わっていないことで，教師に嘘をつくかもしれない。彼らは，実際には，宿題を全くやっていないのに，家に宿題を忘れてきたと言うかもしれない。こういう生徒は，無責任だと思われたくないので，言い訳，つまり嘘，をでっちあげて面目を保つ。

¶3　人々が嘘をつくもう1つの理由は，居たくない状況，あるいは何ともできない状況から逃れるためである。たとえば，ある会社が週末に会議を開くことを決定しても，管理職の一人が出席する気になれないとする。彼女は上司に電話をして，こんな言い訳をする。「今週ずっと風邪をひいていて治そうとしているんですが，誰かにうつす危険を冒したくないんです。月曜には必ずすべてのメモを手に入れますから」と。個々の人たちは，本当のことを言って，その結果何か起こったら嫌だと思うとき，嘘を利用して面倒なことを避けようとする。

¶4　その一方，誰かの感情を傷つけたくないときに「罪のない嘘」をつく人もいる。たとえば，仲のいい友人がパッとしない髪型で現れたら，正直に「その髪型はひどいね。何を考えていたの？」と言うこともできるだろう。それよりもっとありそうな筋書きは，「すごく独創的だね！ 似合ってるよ」と言って，その友人の気持ちを傷つけないようにすることである。こういう類の嘘は，一般的に否定的であるとか間違っているとは見なされない。実際に，愛する人に本当のことを言って，結局，否定的な反応をされたことのある人の多くは，罪のない嘘をつけばよかったと思う。だから，罪のない嘘は，良好な人間関係を維持するのに役に立つことがあるのである。

¶5　嘘をつく理由としてちょっと変わっているのは，自己防衛に関係するものである。親，特に幼い子どもがいる親は，自分の子どもに，ある状況ではこの種の「防衛的な」嘘を使うように教えることがある。両親の留守中に見知らぬ人が電話してきたら，子どもはどうすべきだろうか。多くの親たちは，その時はママとパパは今忙しくて電話に出られないと言うように子どもに教える。こうした状況では，防衛のための嘘は危害や災難を防いでくれる。

¶6　人々は，良くも悪くも，多くの理由で嘘をつく。しかし，間違いを隠したり不快な状況を避けたりするために嘘に頼る前に，嘘をつく動機を慎重に吟味すべきであろう。あなたの嘘がある日暴かれ，ひどく気まずい思いをしたり，人の信頼を失ったりするということになるかもしれない。

¶1

For Slash Reading

❶Most children are taught / the virtue of honesty / from fairy tales and other
大半の子どもは教えられている / 正直の美徳を / おとぎ話や他の物語から
stories. / ❷The famous story of Pinocchio, / who begins life as a puppet, / teaches
/ ピノキオの有名な物語は / 操り人形として人生を始める / 真実を言う
the importance of telling the truth. / ❸Every time Pinocchio lies, / his nose grows
ことの大切さを教える / ピノキオが嘘をつくたびに / 彼の鼻がどんどん
longer and longer. / ❹Another story about the boy / who "cried wolf" / and then lost
長く伸びていく / 少年についての別の物語は /「オオカミだと叫んだ」/ それから自分の
all of his sheep / illustrates / how lying can lead to the loss of trust. / ❺In the
羊をすべて失ってしまった / …を例証する / どのように嘘が信頼の喪失につながるのか /
United States, / young children learn / the tale of young George Washington, / who
合衆国では / 幼い子どもたちは学ぶ / 幼いころのジョージ・ワシントンの話を / 最終
finally admits to his father / that he cut down a cherry tree. / ❻These types of stories
的には父親に…を認める / 彼が桜の木を切ったこと / この種の物語は子どもたちに
show children / that "honesty is the best policy." / ❼Still, / if this is the case, / then
…を示す / 「正直は最善の策である」ということ / それでも / もしこれが本当なら / なぜ
why do so many people lie? / ❽The fact is / that human beings lie for many
こんなにも多くの人が嘘をつくのか / 実際のところ…である / 人間は多くの理由で嘘をつくということ
reasons. /
/

Sentence Structure

●第 4 文型の受動態

① Most children **are taught** the virtue of honesty

「大半の子どもは正直の美徳を教えられている」

➜ teach O_1 O_2 「O_1 に O_2 を教える」 ⇒ S is taught O 「S は O を教えられる，教わる」

●関係詞の非制限用法（または継続用法）

② The famous story of Pinocchio (S), (**who** (S) begins (V) life (O) as a puppet), teaches (V) the importance of ... (O)

「操り人形として人生を始めるピノキオの有名な物語は…の重要性を教える」

➜ 関係詞の先行詞が固有名詞である場合は，非制限用法となり，関係詞の直前にカンマを置く。

固有名詞を先行詞とする場合，人名・地名など関係詞の前にカンマが必要であり，これを非制限用法という。制限用法と非制限用法との違いは，日本語訳ではないので，訳は文脈に応じてふさわしいものにすればよい。

●接続詞となる **every time**

③ **Every time** Pinocchio lies,「ピノキオが嘘をつくたびに」

➜ every time S V ...「…するたびに，…するときはいつでも」

➜ every time ＝ each time ＝ whenever

●文構造をつかむ ── 離れた S V の把握 ──

④ Another story (about the boy (**who** "cried wolf" and then lost all of his sheep))
S
illustrates [how ...].
V O

「オオカミが来たと叫ん」で，自分の羊をすべて失ってしまった少年についての別の物語は，どのように…かを例証している」

➜ Another story (about A) illustrates　Another story を後置修飾している。about A の A に the boy who... が入って長い主語になっている。

➜ the boy (**who** "cried wolf" and then lost all of his sheep)
cried と lost が並列されている「…と叫んでその後～を失った」と訳す。

●要素の移動 ── 長い O の後置 ──

⑤ who <finally> admits <to his father> [that he cut down a cherry tree]
S V O

「最終的には父親に，彼が桜の木を切ったことを認める」

➜ admit A to B「B に A を認める」の形の A が名詞節なので後置されて admit to B A となっている。

●補語になる that 節

⑧ The fact is [**that** human beings lie for many reasons].
S V C

「実際のところ，人間は多くの理由で嘘をつくものだ」

➜ The fact is (that) ...「実際に…，実は…」
この表現は The fact is, S V ... と副詞的に用いられることもある。したがって，日本語訳する際には，「事実は…ということである」ではなく，「実（際）は，…」としたい。他にも The trouble is (that) ... [The trouble is,]「困ったことに」や (The) chances are (that) ... [The chances are,]「おそらく…だろう」も同様である。

Words & Phrases

- ☐ teach A B from C「A に C から B を教える」
- ☐ virtue 「美徳」
- ☐ fairy tale 「おとぎ話」
- ☐ Pinocchio 「ピノキオ」
- ☐ begin life as ...

「…として人生[生活] を始める」
- ☐ puppet 「操り人形」
- ☐ tell the truth 「本当のことを言う」
- ☐ grow long 「長くなる」
- ☐ illustrate O 「O を例証する」
- ☐ lying 「嘘をつくこと」
- ☐ lead to A 「A につながる」
- ☐ loss of trust 「信頼の喪失」
- ☐ cherry tree「桜の木」
- ☐ honesty is the best policy 「正直は最善の策である」
- ☐ if this is the case「もしこれが本当なら」

Road to Summary

最初の文で，すぐにこの段落の要旨がわかる。それに続く文は，ピノキオやオオカミ少年やワシントンの話である。その話をもとに，honesty is the best policy「正直は最善の策だ」としている。それなのに，どうして人間は嘘をつくのかと疑問を投げかけ，それには多くの理由があると結んでいる。

Summary

子どもの頃に，私たちは，おとぎ話や他の物語から正直であることの美徳を学んでいるのに，実際には，様々な理由で嘘をついている。

Watch Word

George Washington で覚えておきたいこと。

Answer

アメリカ合衆国初代大統領で，その名言の一つが文中の “Honesty is the best policy.”「正直は最善の策である」である。本当は，ワシントンは “Honesty is always the best policy.”「正直は常に最善の策である」と言っている。

¶2

For Slash Reading

❶One reason for lying / has to do with / minimizing a mistake. / ❷While it is true
嘘をつく理由の１つは / …に関係する / 間違いを最小限にすること / …ということは本当で
that / everyone makes mistakes from time to time, / some people do not have the
あるが / 誰もがときどき間違いをする / …する勇気のない者もいる
courage /to admit their errors / because they fear the blame. / ❸For example, /
/ 自分の過ちを認める / 彼らが非難を恐れるので / たとえば /
students might lie to their teachers / about unfinished homework. / ❹They might say
生徒は先生に嘘をつくかもしれない / 終わっていない宿題について / 彼らは…と言うかも
/ that they left their work at home / when, in fact, they did not do the work at
しれない / 宿題を家に忘れた / 実際，宿題を全くやっていないのに

all. / ❺These students do not want to seem irresponsible, / so / they make up an
/ こういう生徒は無責任だと思われたくない / だから / 言い訳をでっち
excuse / − a lie − / to save face. /
あげる / 嘘（を） / 面目を保つために /

Sentence Structure

●対照・譲歩の接続詞 **while**「…だが」

② **While** it is true that ... 「…ということは本当だが」

Words & Phrases

- □ have to do with A 「A に関係する」
- □ minimize O 「O を最小限にする」
- □ from time to time 「ときどき」
- □ have the courage to *do* 「…する勇気がある」
- □ admit O 「O を認める」
- □ blame 「非難」
- □ unfinished homework 「終わっていない宿題」
- □ leave O at home 「O を家に忘れる」
- □ not ... at all 「全く…ない」
- □ irresponsible 「無責任な」
- □ make up an excuse 「言い訳をでっちあげる」
- □ save face 「面目を保つ」

Road to Summary

第②文で,「誰でも時に間違いをするが, 非難を恐れて間違いを認める勇気がない者もいる」とある。その後に, その具体例として,「宿題を忘れた生徒は無責任だと思われたくなくて, 面目を保つために嘘をつく」と続く。

Summary

自分の間違いについて, 非難されないように嘘をついてしまうことがある。

Watch Word

minimize と save face の反対語は？

Answer

maximize O 「O を最大限にする」, lose face「面目を失う」

¶3

For Slash Reading

❶Another reason people lie / is to get out of situations / that they do not want to be
人々が嘘をつくもう1つの理由は / 状況から脱け出すためである / 中にいたくない
in / or cannot manage. / ❷For example, / if a company decides to have a
/ あるいは，どうすることもできない / たとえば / ある会社が週末に会議を開くことに
weekend meeting, / one of the managers / might not feel like attending. / ❸She may
すると / マネージャーの一人が / 出席したくないと思うかもしれない / 彼女は上司に
call her boss / and give this excuse. / ❹"I've been fighting off a cold all week, / and I
電話して / そしてこんな言い訳をする / 「今週ずっと風邪を治そうとしている / それに
wouldn't want to risk / giving it to anybody else. / ❺I'll be sure to get all of the notes
危険を冒したくないんです / それをほかの誰かにうつす / 必ず月曜日にメモをすべて手に入れます」
on Monday." / ❻When individuals do not want to tell the truth / and face the
/ 個人が本当のことを話したくないとき / そしてその結果に
consequences, / they use lies to avoid difficulties. /
直面する（のは嫌だと思うとき）/ 彼らは困難を避けるために嘘を利用する /

Sentence Structure

●関係副詞の省略

① Another reason (people lie) ...

➜ 関係詞の when / why はよく省略される。ここでは reason の直後に why が省略されている。

●to 不定詞の用法

① Another reason people lie is to get out of situations that ... manage.

➜ ここでの to 不定詞は「…を抜け出すことである」と名詞的に訳したり，「…を抜け出すため」と副詞的に訳したりできる。

●文構造をつかむ ── not V_1 and V_2 に注意 ──

⑥ When individuals do not want to { **tell** the truth (V_1) and **face** the consequences, (V_2) }

➜ not V_1 and V_2 は「V_1 して V_2 することはない」となり，一連の行為をまとめて否定している。

➜ tell と face が並列で「本当のことを言って，その結果起きることに直面したくない」と訳す。

➜ 「V_1 も V_2 もしない」は not V_1 or V_2 か，neither V_1 nor V_2 とする。

Words & Phrases

- □ get out of A 「A から脱け出す」
- □ manage O 「O を何とかやり遂げる，何とかする」
- □ manager 「支配人，主任，管理職(の人)」
- □ feel like *doing* 「…したい気がする」
- □ attend 「出席する」
- □ excuse 「言い訳」
- □ fight off O / fight O off 「O を撃退する」
- □ all week 「一週間ずっと」
- □ risk *doing* 「…する危険を冒す」
- □ be sure to *do* 「きっと…する」
- □ get all of the notes 「メモをすべて手に入れる」
- □ face O 「O に直面する」
- □ consequence 「結果，成り行き」

Road to Summary

第①文で，嘘をつくもう１つの理由として嫌な状況から逃れることが挙げられている。次の文で，その例として「会議に出席したくないために嘘をつくということ」が取り上げられている。そして，「嘘を利用して面倒なことを避ける」と結んでいる。

Summary

面倒なことを避けるために嘘をつくこともある。

¶4

For Slash Reading

❶In contrast, / some people might tell a "white lie" / when they do not want to hurt
対照的に / 「罪のない嘘」を言う人もいるだろう / 誰かの感情を傷つけたくないときに
someone's feelings. / ❷For example, / if a good friend shows up / with an unattractive
/ たとえば / 仲のいい友人が現れたら / パッとしない新しい
new haircut, / one could be truthful / and say, "That haircut is awful. / ❸What were
髪型で / 正直になって / そして言う「その髪型ひどいね。 / 何を考えていた
you thinking?!" / ❹A more likely scenario / is to say, "It's very original! It suits you," /
の？」 / もっとありそうな筋書きは / 「すごく独創的だね！似合ってるよ」と言う /
and spare the friend's feelings. / ❺These types of lies / are generally not
そしてその友人の気持ちを傷つけない(ことである) / こういうタイプの嘘は / 一般に否定的だ
considered negative or wrong. / ❻In fact, / many people / who have told the
とか間違っていると見なされない / 実際に / 多くの人々は / 本当のことを言ったこと
truth / to those they love, / only to see the negative reaction, / wish they *had* told a
がある / 自分の愛する人々に / 結局否定的な反応しかされなかった / 罪のない嘘をつけばよかった
white lie. / ❼Therefore, white lies can be useful / in maintaining good relationships. /
のにと思う / だから，罪のない嘘は役に立つことがある / 良好な人間関係を維持するのに /

Sentence Structure

第 5 文型の受動態

⑤ These types of lies **are** generally not **considered (to be)** negative or wrong.
「こういうタイプの嘘は一般に否定的だとか間違っていると見なされない」
➔ consider A (to be) B「A を B と見なす」 / A is considered (to be) B「A は B と見なされる」

関係詞節の把握

⑥ many people (**who** have told ... negative reaction), wish [they *had* told a white lie].
S: many people / M/S: who / V: have told / O: (... negative reaction) / V: wish / O: [they had told a white lie]

only to *do* は結果の副詞句

⑥ ..., **only to see** the negative reaction
「…,（その結果）否定的な反応しか目にしないことになる」
➔ only to *do* はここでは結果を表し,「…しただけだった」という意味。
［例文］I tried it again, **only to fail.** 「私はもう一度やってみたが, 失敗しただけだった」

wish (that) S + 仮定法過去完了 「…していればよかったのにと思う」

⑥ **wish** they ***had* told** a white lie 「罪のない嘘をついていればよかったのにと思う」
➔ 過去に実現しなかったことに対する願望
➔ 現在実現不可能なことの願望
wish (that) S + 仮定法過去「…であればいいのだがと思う」
I **wish** I **knew** his address.「彼の住所がわかっていればなあ」

Words & Phrases

- ☐ in contrast「対照的に」
- ☐ a white lie「罪のない嘘」
- ☐ hurt *one*'s feelings「人の感情を傷つける」
- ☐ show up 「現れる」
- ☐ unattractive 「魅力のない」
- ☐ truthful 「誠実な, 正直な」
- ☐ suit「(服装・色などが)(人・物など) に似合う」
- ☐ spare *one*'s feelings「人の気持ちを傷つけないようにする」
- ☐ be considered (to be) C「C だと見なされる［思われる］」
- ☐ negative 「否定的な」
- ☐ reaction 「反応」
- ☐ be useful in *doing*「…することに役立つ」
- ☐ good relationships 「良好な人間関係」

Road to Summary

第①文で, 誰かの感情を傷つけないために white lie「罪のない嘘」をつく人がいると述べ，次の文で，その例を挙げている。第⑥文で正直に言って失敗したことのある人が多いことに言及し，第⑦文で「罪のない嘘」は良好な人間関係の維持に役立つと結んでいる。

Summary

人の感情を傷つけないために罪のない嘘をつくことがあるが，これは良好な人間関係を維持するのに役立つ。

Watch Word

a white lie の反対語は何か。

Answer

a black lie「悪意のある嘘」。
また，a downright lie「真っ赤な嘘」，a transparent lie「白々しい嘘」という表現も覚えておこう。

¶5

For Slash Reading

❶A somewhat different reason for lying / has to do with self-protection. / ❷Parents,
嘘をつく幾分違った理由は / 自己防衛と関係がある / 親は
particularly those with small children, / may teach their children / to use this type
特に幼い子どもがいる人たちは / 自分の子どもに教えることがある / この種の「防衛的な」
of “protective” lie / in certain circumstances. / ❸What should children do / if a
嘘を使うように / ある状況で / 子どもはどうすべきか / 見知
stranger calls / while the parents are out? / ❹Many parents teach their children
らぬ人が電話してきたら / 両親が外出中に / 多くの親たちは子どもに…を説明するように
to explain / that mom and dad are too busy to come to the phone / at that time. / ❺In
教える / ママとパパは今忙しくて電話に出られないということ / その時には / こう
this situation, / protective lying / can prevent harm or disaster. /
した状況では / 防衛のための嘘は / 危害や災難を防いでくれる /

Sentence Structure

●**too ～ to *do* ... 構文**

④ mom and dad are **too** busy **to** come to the phone at that time
「その時には，ママとパパはとても忙しくて電話に出られない」
➜ too ～ to *do* ... 「あまりにも～なので…できない」
［例文］I was **too** excited **to sleep** last night.「私は昨夜とても興奮していたので眠れなかった」

Words & Phrases

- ☐ somewhat 「幾分」(副詞)
- ☐ self-protection 「自己防衛」
- ☐ teach O to *do* 「O に…するよう教える」
- ☐ protective 「防衛的な」
- ☐ circumstance 「事情，状況」
- ☐ stranger 「見知らぬ人」
- ☐ call 「電話をかける」
- ☐ be out 「不在である」
- ☐ come to the phone 「電話に出る」
- ☐ harm 「害，危害」
- ☐ disaster 「災難，大惨事」

Road to Summary

第①文で，嘘をつく別の理由として「自己防衛」を挙げている。次の文から，親の留守中に知らない人から電話がかかってきたとき，「ママとパパは忙しくて今は電話に出られない」と嘘をつくように子どもに教えておけば子どもを守れる，という例が挙げられている。

Summary

自己防衛のために嘘をついたり，嘘をつくよう教えたりもする。

Watch Word

self-protection「自己防衛」とは？

Answer

自己防衛とは大きく分けて２つある。１つは，「護身」，「自衛」といったように自分で自分の身を危険から守ることであり，もう１つは，「自己弁護」とか「自己正当化」とでもいうように利益や名誉を守ることである。

¶6

For Slash Reading

❶People lie for many reasons, / both good and bad. / ❷However, / before you resort
人々は多くの理由で嘘をつく / 良くも悪くも / しかし / 嘘をつくことに頼る
to lying / in order to cover up mistakes / or to avoid unpleasant situations, / perhaps
前に / 間違いを隠すために / あるいは不快な状況を避けるために / おそらく嘘
the motives for your lies /should be carefully examined. / ❸Your lies may one day be
をつく動機は / 慎重に吟味されるべきである / あなたの嘘がある日暴かれるかも
exposed / and cause severe embarrassment or the loss of people's trust. /
しれない / そしてひどく気まずい思いや人々の信頼の喪失を引き起こす（かもしれない） /

Sentence Structure

●形容詞句の理解

① People lie for many reasons, **both good and bad**.

➜ both good and bad「良くも悪くも」は many reasons を後置修飾している。

Words & Phrases

- □ resort to A 「A に頼る，訴える」
- □ cover O up / cover up O 「O を包み隠す，O をかばう」
- □ avoid O 「O を避ける」
- □ unpleasant 「不快な」
- □ motive 「動機」
- □ examine O 「O を吟味する」
- □ one day 「ある日」
- □ be exposed 「晒される，暴かれる」
- □ cause O 「O を引き起こす，もたらす」
- □ severe 「ひどい，厳しい」
- □ embarrassment 「気まずい思い，バツの悪さ」
- □ loss of trust 「信頼の喪失」

Road to Summary

第①文と第②文で，人は多くの理由で嘘をつくが，嘘をつく前に自分でその動機をよく吟味すべきだと言っている。そして，最終文で，嘘はいつかは暴かれ，信用をなくす恐れがあると締めくくっている。

Summary

良くも悪くも，嘘をついたらいつかはばれるのでよく考えるべきである。

Road to Overall Summary

第1段落では，子どもの頃におとぎ話などで正直であることの大切さを教えられてはいるが，実際に，人々は様々な理由で嘘をつくと言っている。第2段落から第5段落まではその例が挙げられ，第6段落で結論が述べられている。

Overall Summary

子どもの頃におとぎ話などで正直の大切さを教えられてはいるものの，私たちは，面目を保つためや，面倒を避けるためや，人の感情を傷つけないためや，自己防衛のために嘘をついてしまう。嘘をついても結局ばれて信頼を失うかもしれないことをよく考えるべきである。

主題：正直の大切さはわかっていても様々な理由で嘘をつくものである
事実：理由としては，面目を保つため，面倒なことを避けるため，人の感情を傷つけないため，自己防衛のためなどがある
立論：自分のためや人間関係を維持するために良い嘘をつくことがわかっている
結論：とは言っても，嘘はつく前によく考えてみるべきである

9

●解答

問 1

［解答例］

隣人は何かとケチをつける失礼な人である。

問 2

学生を３つのグループに分け，ビデオに録画した講義を見せたところ，ビデオを見るだけのグループよりも，講義の合間に数分間ノートを見直す時間を与えられたグループと，ノートを見直すだけでなく要約を書いたグループは直後のテストで良い成績を修めた。さらに12 日経った後でも，要約を書いたグループの成績はそれほど落ちず，講義の内容をよく覚えていたから。

問 3

要点をまとめたり説明したりしてクラスメイトにその内容を教えるために，生物学のテキストを勉強するように言われた学生たちは，単にテキストを読むようにとか，仲間の説明を聞くようにとだけ言われた学生たちよりも成績が良かった。

問 4

多くの学生たちは，学習というものを，テキストを何度も何度も読むだけでできるものだと思っている。

●設問解説

問 1

「あなたはこの隣人との出会いをどのように要約するか」

隣人は，身なりのこと，家の庭のこと，おそらく手作りのクッキーのことについても何かとケチをつけている。したがって，客観的に一言で言えば，「失礼な奴」ということになる。

問 2

「複数の研究の示すところによれば，要約を書く学生は，書かない学生より，はるかに正確に元の文章の本旨を覚えている」

第３段落第③文から最終文にかけて，学生を３つのグループに分けて行った実験とその結果が書かれているので，その内容をまとめればよい。

問 3

上位構造

students (who ...) performed <better than students (who ～) >
S M V M

「…な学生は～な学生よりも成績が良かった」

下位構造

who ... → were told to study a text (about biology) <to teach the text <to a classmate>
V O M M

<by summarizing or explaining>>

「要点をまとめたり説明したりしてクラスメイトにその内容を教えるために，生物学のテキストを勉強するように言われた」

who ... → were told <simply> to read the text or listen to a partner's explanation.
V O V O

「単にテキストを読むようにとか，仲間の説明を聞くようにとだけ言われた」

→ to 以下に read the text or listen to a partner's explanation が続いている。

問 4

上位構造

Many students think of learning as something (that ...)
S V O C

「多くの学生たちは，学習というものを…なものだと思っている」

→ think of O as C「O を C と見なす（考える）」

→ that は関係代名詞

下位構造

that ... → just happens <when they read a text <over and over again>>.
V S V O M

「テキストを何度も何度も読むだけでできる（もの）」

→ something that just happens when ...「…ときに単に起こること」（関係代名詞主格の that），ここでは文脈上「…するだけでできること」と意訳する。

全訳例

¶1 「クラスでは何があったの？」「その映画は何に関してだったの？」「あの電子メールで校長先生は私たちに何を言おうとしていたの？」 これらは私たちの日常生活の中で出てくる問いかけである。これらの質問に答えるには，私たちは細部を仕分けして本旨を見つけ出さなくてはならない。要点をまとめることのできない人，本旨を選び出せないとか，本旨の文言を作り出せない人は，多量な資料や出来事や詳細の中で戸惑う。人生を生きていくには，誰でも基本的な要約ができなければならない。

¶2 新しい隣人が引っ越してきたとしよう。彼女との初対面で，彼女は，あなたの髪は鳥の巣みたいだと言う。翌日には，あなたの家の芝生は犬が掘り返したみたいで，家の塗装はちょっとパッとしない色だと言う。後に，あなたが持って行ったクッキーは汚れた足のような味だったとも彼女は言う。あなたはこの隣人との出会いをどのように要約するだろうか。

¶3 複数の研究の示すところによれば，要約を書く学生は，書かない学生より，はるかに正確に元の文章の本旨を覚えている。勉強法としてまとめる能力を試す研究がいくつもなされてきた。ある大学の研究者が，心理学コースの学生たちを 3 つの異なるグループに分けた。

最初のグループはビデオに録画された講義を聞くだけだった。もう 1 つのグループは講義を聞いたのだが，講義の合間に自分のノートに目を通す時間を 4 分間ずつ 3 回与えられた。最後のグループにも同じ講義と合間が与えられたが，その合間毎に情報の要約を書くようにと言われた。どのグループにもすぐ後に 1 回テストを受けさせ，12 日後にもう 1 回テストを受けさせた。合間のあったグループと要約を書いたグループは両方とも，両方のテストで，最初のグループより成績が良かった。最も重要なことに，要約を書いたグループの成績は 12 日間の空白が過ぎてもそれほど落ちなかったし，このグループの学生たちの方が他の 2 つのグループの学生たちより講義の情報をよりよく思い出すことができた。

¶4 また別の研究では，要点をまとめたり説明したりしてクラスメイトにその内容を教えるために，生物学のテキストを勉強するように言われた学生たちは，単にテキストを読むようにとか，仲間の説明を聞くように言われた学生たちよりも成績が良かった。明らかに，要約は情報を覚えている能力に大きな効果を及ぼす。

¶5 効果的にまとめられる学生たちは，新しい情報を取り入れて統合する能力もより優れている。考え方の間につながりを探し求めたり，読んだり耳にしたりするものの主題を見出したりするとき，彼らはより簡単にしかもより効果的に学習することができる。多くの学生たちは学習を，テキストを何度も何度も読むだけでできるものと思っている。要約戦略によって，学生たちは入ってくる考えを効果的に保存し，将来使用するためにそれらを取っておける方法が身につく。

¶1

For Slash Reading

❶“What happened in class?” / ❷“What was that movie about?” / ❸“What was /
「クラスで何が起こったの？」 / 「その映画は何に関してだったの？」 / 「何だったの /
the principal / trying to tell us / in that email?”/ ❹These are questions /
その校長が / 私たちに言おうとしていた / そのメールで？」 / これらは問いかけである /
that come up in our daily lives. / ❺The answers to these questions / require
私たちの日常生活の中で出てくる / これらの問いかけに対する答えは / 細部を
us to sort through details / to find the main ideas. / ❻A person who cannot
区分けするように私たちに要求する / 本旨を見つけ出すために / 要点をまとめられない人は
summarize, / who cannot select main ideas /or / invent main idea statements, /
/ 本旨を選び出すことができない / あるいは / 本旨の文言を考え出す（ことができない）/
is lost / in a sea of / data, events, and details. / ❼Everyone needs to be able
戸惑っている / 多量の…の中で / 資料，出来事，そして詳細 / 誰でも…をすることができなければ
to do / some fundamental summarizing / to get through life. /
ならない / 何らか基本的な要約 / 人生を生きていくために /

Sentence Structure

無生物主語構文

⑤ The answers to these questions **require** us **to** **sort** through details <to find the main ideas>.
(The answers to these questions = S, require = V, us = O, sort through details = C)

［直訳］「これらの問いかけに対する答えは，本旨を見出すために細部を区分けするよう私たちに要求する」

［意訳］「私たちがこれらの問いかけに答えるには，細部を区分けし，本旨を見出さなければならない」

➜ S require O to *do*「S は O ＜人＞に…するように要求する」は，「S のために O ＜人＞は…しなければならない」と訳すと上手である。無生物主語構文は主語を原因・理由や目的で訳すとよい。

Words & Phrases

- □ principal 「校長」
- □ sort through O / sort O through 「O を分類する」
- □ detail 「詳細，細部」
- □ summarize O 「O を要約する」
- □ invent O 「O を考え出す」
- □ main idea 「本旨，本筋」
- □ statement 「発言，言葉」
- □ a sea of A 「多量の A」
- □ fundamental 「基本的な」
- □ get through life 「生きていく，人生を歩む」

Road to Summary

第①文から第③文まで，日常起こる問題を具体的に挙げている。第⑤文で，その問題を解くには本旨を見出す必要があると説いている。最終文で，「誰でも生きていくには要約ができなくてはならない」としている。

Summary

日常の様々な問題を解いていくにはそれらが一体何を意味するのかまとめなければならない。

Watch Word

What was that movie about? と What was that movie? とはどう違うか？

Answer

以下４つの例文で比較してみよう。
What is this?「これは何か？／（意外なことがあって）これはどういうこと？」
What is this **like**?「これはどんな感じ？／これは何に似ている？」
What is this **about**?「これは何に関してなの？／どういうつもり？」
What is this **for**?「これは何のためのもの？」
＊したがって，**What** was that movie **about**? は「その映画は何に関してだったの？」という意味になる。

¶2

For Slash Reading

❶Suppose that a new next-door neighbor moves in. / ❷The first time /
新しい隣人が引っ越してきたとしよう / 初めて…するとき /
you see her, / she says that / your hair looks like a birds' nest. / ❸The next
あなたが彼女に会う / 彼女は…と言う / あなたの髪は鳥の巣のように見える / 翌日には
day, / she says that / your lawn looks like / it has been dug by dogs / and that
/ 彼女は…と言う / あなたの芝生は…ように見える / それが犬に掘り返された / そして
your house is painted / a rather unattractive color. / ❹Later / she says that /
あなたの家は塗られている / ちょっとパッとしない色に / 後になって / 彼女は…と言う /
the cookies you brought over / tasted like / dirty feet. / ❺How could you
あなたの持って行ったクッキーが / …のような味がした / 汚れた足 / どのようにあなたは
summarize / your encounters with this neighbor? /
要約できるだろうか / この隣人との出会いを /

Sentence Structure

Supposeの用法

① **Suppose** that a new next-door neighbor moves in.
「新しい隣人が引っ越してきたとしよう」

➔ Suppose (that) S V... 「もし…だとしたらどうだろう」

that 節の内容が話者からみて可能性のある場合には直説法が用いられ，現実にありえないことを仮定する場合には仮定法が用いられる。本文では可能性がある場合なので moves in と直説法になっている。

［例文］**Suppose** that she refuses, what shall we do? 「もし彼女が断ったとしたらどうしようか」

提案の意味で使うこともある。

［例文］**Suppose** we change the subject. 「話題を変えてみましょう」

the first time S V ...

② **The first time** you see her, ...「初めてあなたが彼女に会うとき」

➜ the first time S V...「初めて…するとき」（接続詞扱い）
他にも the last time S V...「最後に…したとき」/ the moment [minute] S V...「…するとすぐに（するやいなや）」なども確認しておこう。

look の語法

③ your lawn **looks like** it has been dug by dogs

➜ 通常 look like＋名詞（句）「…のように見える」と使うが，ここでは，look like S V... と like に節が後続している。like は前置詞だけでなく，接続詞としての働きもあることを確認しよう。
[like が前置詞の場合]
You **look like** him. 「あなたは彼に似ている」/ What **does** this **look like?**「これは何に見えるか」
[like が接続詞の場合]
You **look like** you are in good shape. 「調子がよさそうだね」

Words & Phrases

- □ next-door neighbor 「隣人」
- □ nest 「巣」
- □ lawn 「芝生」
- □ dig O 「O を掘る，掘り起こす」(dug は過去分詞)
- □ paint O 「O をペンキで塗る」
- □ unattractive 「魅力のない，つまらない」
- □ later 「後に」
- □ bring O over / bring over O 「O を持って行く」
- □ taste like A 「A のような味がする」
- □ dirty 「汚れた」
- □ encounter 「出会い」

Road to Summary

第①文から第④文まで，具体例として，新たに引っ越してきた隣人の失礼な発言を 1 つ 1 つ詳細に取り上げている。最終文で，「この隣人との出会いをどのように要約できるか」と問いかけている。

Summary

次々と失礼な発言をする隣人をどのように要約して表現できるか。

Watch Word

第③文 a **rather** unattractive color の rather はどういう意味か？

Answer

rather（副詞）は「かなり，ちょっと…すぎる，幾分，どちらかと言えば，それどころか，もっと正確に言えば」などの意味があり，文脈上でその意味を決めなければならない。ここでは「ちょっと…すぎる」がいいだろう。

¶3

For Slash Reading

❶Studies show that / students who write summaries / remember the main
複数の研究が…を示している / 要約を書く学生は / 本旨を覚えている
points /of an original text / with greater accuracy / than students who do not./
/ 元のテキストの / はるかに正確に / （要約）しない学生より /
❷There have been several studies / to test the power of / summarizing as a study
いくつかの研究がこれまであった / …の能力を試す / 勉強法としての要約
technique. / ❸A college researcher assigned / students in a psychology course /
/ ある大学の研究者が…を割り当てた / 心理学コースの学生達 /
to three different groups. / ❹The first group / just listened to / a video-taped lecture. /
3つの異なったグループに / 最初のグループは / …を聞くだけだった / ビデオに録画された講義 /
❺Another / heard the lecture, / but had three four-minute pauses /
もう1つ（のグループ）は / その講義を聞いた / しかし3回の4分間休止を持った /
during the lecture / to allow time / for them to look over their notes. / ❻The final
講義の合間に / 時間を与える / 彼らがノートに目を通す / 最後の
group / had the same lecture and pauses, / but was told to write a summary /
グループは / 同じ講義と休止を持った / しかし要約を書くように言われた /
of the information / during each pause. / ❼All groups were given a test /
その情報の / それぞれの休止の間に / どのグループもテストを受けた /
immediately after / and another twelve days later. / ❽Both the pause group /
すぐ後に / そして12日後にもう1回（テストを受けた）/ 休止グループも /
and the summary group / exceeded the first group / on both measures. / ❾Most
そして要約グループも / 最初のグループを上回っていた / 両方の測定において / 最も
important, / the summary group's performance did not decrease / significantly /
重要なことに，/ 要約グループの成績は下がらなかった / 著しく /
over the twelve-day gap, / and they were better able to recall / information from
12日間の空白が過ぎても / そして彼らはよりよく…を思い出せた / その講義の情報
the lecture / than the other two groups. /
/ 他の2つのグループより /

Sentence Structure

無生物主語構文

① Studies (S) show (V) that ... who do not. (O)

➔ Studies show (that) ...「複数の研究により，…ということがわかっている」

主語に research / investigation / experiment などが来て，動詞に find / indicate / reveal / say / show / suggest などが来るときはこのような訳し方をするとよい。

show that ... の中の文構造

① students (S_1) (who write summaries) (M) remember (V) the main points (O) (of an original text) (M)
< with greater accuracy > < than students (S_2) (who do not) (M)>

「要約を書く生徒は，要約しない生徒よりはるかに正確に元の文章の本旨を覚えている」

➔ 省略と比較対象を見抜く。

students who do not (write summaries)「（要約）しない生徒」→ S_1 と S_2 との比較から do not の直後の write summaries の省略を読み取る。

修飾関係を把握する

⑤ but (another group) (S) had (V) three four-minute pauses (O) <during the lecture> (M) (to allow time ...) (M)

「しかし（もう 1 つのグループは）講義の間に…する時間を 4 分間ずつ 3 回与えられた」

➔ to allow time ... は (had three four-minute pauses) にかかり「…する時間を与えるために（4 分間ずつ 3 回）持った」という意味になる。

省略・文修飾の副詞

⑨ Most important, S V...「最も重要なことは，S V ...」

➔ It is most important that ... の It is と that を省略した形。

同様に，It is certain that ... を Certainly としたり，It is probable that ... を Probably とすることもある。

Words & Phrases

- ☐ an original text 「元のテキスト」
- ☐ with accuracy 「正確に」
- ☐ researcher 「研究者」
- ☐ assign A to B 「A を B に割り当てる」
- ☐ psychology 「心理学」
- ☐ a video-taped lecture 「ビデオに録画された講義」
- ☐ pause 「休止」
- ☐ allow O 「O を与える，とっておく」
- ☐ look over A 「A に目を通す」
- ☐ immediately after 「すぐ後に」(after はここでは副詞)

- ☐ exceed O 「O を超える，上回る」
- ☐ measure 「測定」
- ☐ performance 「成績」
- ☐ decrease 「下がる，減少する」
- ☐ significantly 「著しく」
- ☐ recall O 「O を思い出す」（意識的に努力して）

Road to Summary

第①文に「要約を書く学生の方が書かない学生より正確にテキストの内容を覚えている」とあり，第③文以降にそれを裏づける実験について述べられている。最終文で「要約を書いたグループの方が他のグループよりも講義内容をより覚えていた」と結論づけている。

Summary

調査により，要約文を書いた学生の方が講義の内容をよく覚えていたことがわかっている。

¶4

For Slash Reading

❶In another study, / students who were told to study / a text about biology /
また別の研究では， / …を勉強するように言われた学生たちは / 生物学のテキスト /
to teach the text / to a classmate / by summarizing or explaining /
そのテキストを教えるために / クラスメイトに / 要約したり説明したりすることによって /
performed better / than students / who were told simply to / read the text /
成績がより良かった / 学生より / 単に…するようにとだけ言われた / テキストを読んだり /
or listen to a partner's explanation. / ❷Clearly, / summaries have a powerful effect on /
仲間の説明を聞いたり / 明らかに / 要約は…に大きな効果を及ぼす /
the ability to remember information. /
情報を覚えている能力 /

Sentence Structure

比較対象の理解

① students (S_1) (who were told to study a text about biology ... by summarizing or explaining) (M) performed (V) <better> (M) <than students (S_2) (who were told simply to read the text or ... partner's explanation) (M)>.

➜ students (who were ... or explaining) と students (who were ... partner's explanation) が対比されている。

➔ tell A to *do* ...「Aに…するように言う」/ A is told to *do* ...「Aは…するように言われる」

Words & Phrases

- ☐ biology 「生物学」
- ☐ perform well 「成績が良い」
- ☐ simply 「単に」
- ☐ partner 「仲間」
- ☐ explanation 「説明」（explain O「Oを説明する」）
- ☐ powerful 「強力な，説得力のある」
- ☐ effect 「効果，結果」
- ☐ ability「能力」

Road to Summary

第①文で，別の調査でも「要約した学生の方が成績が良かった」ということが判明したとあり，第②文で，「要約は情報を記憶する能力に大きな効果がある」としている。

Summary

別の調査でも，要約は記憶力に大きな効果があることがわかった。

¶5

For Slash Reading

❶Students who are effective summarizers / are also more able to / take in and integrate new information. / ❷As they look for / connections between ideas / and find the main theme / of what they read and hear, / they can learn more easily and more effectively. / ❸Many students think of / learning / as something that just happens / when they read a text / over and over again. / ❹Summarizing strategies provides them / with a way to store incoming ideas efficiently / and keep them for future use. /

効果的に要約する学生は / またより…する能力がある / 新しい情報を取り入れたり統合したりする / 彼らが…を探し求めたりするとき / 考えの間のつながり / そして主題を見出したり / 彼らが読んだり耳にしたりすることの / 彼らはより簡単にそしてより効果的に学習できる / 多くの学生は…を思う / 学習すること / ただ単に起こることとして / 彼らがテキストを読むとき / 何度も何度も / 要約戦略は彼らに与える / 入ってくる考えを効果的に保存する方法を / そしてそれらを将来の使用のために取っておく（方法）/

Sentence Structure

●比較対象の省略

① Students (who are effective summarizers) are also **more** able to take in and integrate new information (**than students who are not effective summarizers**).

S1 = Students　S2 = students who are not effective summarizers

➜ 「効果的に要約できる学生」と「効果的に要約できない学生」の比較である。比較級を見かけたときは，常に比較対象を考えよう。

●文構造をつかむ ── 等位接続詞 and の結ぶものは何と何か ──

④ [Summarizing strategies] provides them with a way (to {**store** incoming ideas efficiently and **keep** them for future use}).

S = [Summarizing strategies]　V = provides　A = them　B = a way

➜ provide A with B「A に B を与える」

➜ to store ... と (to) keep ... が a way を修飾する不定詞の形容詞用法となっている。

Words & Phrases

- □ effective 「効果的な」
- □ be able to *do* 「…することができる」
- □ take O in / take in O 「O を取り入れる」(in は副詞)
- □ integrate O 「O を統合する」
- □ look for A 「A を探す」
- □ connection 「関係，つながり」
- □ main theme 「主題」
- □ effectively 「効果的に」
- □ think of A as B 「A を B とみなす」
- □ learning 「学習（すること）」
- □ over and over again 「何度も何度も繰り返して」
- □ summarizing strategy 「要約戦略」
- □ provide A with B 「A に B を提供する」
- □ store O 「O を蓄える，保存する」(名詞 storage「保存，貯蔵」)
- □ incoming 「入ってくる」(形容詞)
- □ keep O for future use 「O を将来の使用のために取っておく」

Road to Summary

第①文で「効果的にまとめられる学生は新しい情報を取り入れ統合する能力に優れている」とし，第②文はそれを言い換えているだけ。最終文で「要約することで，考えを効果的に記憶し，将来活用できるようになる」と結論づけている。

Summary

要約することで，考えを記憶し，活用できるようになる。

Watch Word

strategy とは？

Answer

strategy「戦略」とは，戦い全体を考えた大局的な計略で，tactics「戦術」とは，個々の戦いのための局面の計略。

Road to Overall Summary

第1段落で日常の問題を解決していく上で要約力が大切だと述べている。第2段落では隣人との問題を実例として挙げている。例はここでは要約に入れなくてもよい。第3, 4段落では，調査によれば，要約することは記憶力の向上につながることがわかったと指摘している。調査内容までまとめる必要はない。第5段落では要約することで様々な考えを記憶し，それを活用できると結論づけている。

Overall Summary

日常の問題を解決するには要約力は欠かせない。要約をテーマとした調査によれば，要約する学生の方が情報を正確に覚えているだけでなく，説明するのもうまい。つまり，要約することで情報を記憶し活用することもうまくなるのである。

主題：日常の問題を解いていくには要約が必要となる
事実：たとえば，失礼な発言をする隣人を冷静に要約して表現できるか
立論：要約文を書いた学生の方が講義の内容をよく覚えていた
立論：要約は記憶力にも大きな効果がある
結論：要約することで情報をよりよく記憶し活用できるようになる

10

●解答

問 1

(A) (c)

(B) (a)

(C) (c)

問 2

観察からわかったのは，ミツバチの集団はエサを探すために他のハチを送り出すということである。

問 3

(1) エサが，巣箱から 100 メートル以内のときは円形ダンスで，巣箱から遠いときは尻振りダンスをする。

(2) エサまでの距離はダンスの速度で示され，エサが遠くにあればあるほどダンスの速度は遅くなる。

問 4

円形ダンスでは，方角を示していないようだが，それはおそらく，距離が近いことから，この情報を得ることはそれほど重要でないからだろう。

問 5

(1) (b)

(2) (d)

(3) (a)

●設問解説

問 1

(A)

選択肢の意味

(a)「…を変える」　(b)「…を選ぶ」　**(c)「…を特定する」**　(d)「…に届く」

エサを見つけたハチが，仲間に対してどうするのかを考える。まずエサが何なのかを伝えるとあり，a dance that (A) the location of the food「エサのありか（　　）するダンス」をするとあるから，identifies (identify) を入れて「エサのありかを特定するダンス」とする。

(B)

選択肢の意味

(a)「不可欠な」　(b)「形式的な，公式の」　(c)「騒々しい」　(d)「静かな」

a low-frequency sound that seems to be (B) in providing the information「情報を提供する際に（　　）であるように思われる低周波の音」に合うのは，選択肢を入れていくと (a) は「不可欠であるように思われる」となり適切である。(b) は「形式的であるように思われる」，(c) は「騒々しいように思われる」，(d) は「静かであるように思われる」

となるが，この段落の最終文に「おそらくハチが視覚的情報を得られない場合には，音が情報を追加するということになるだろう」とあることから (a) が最も適切であるとわかる。

(C)

選択肢の意味

(a)「ダンスをする」　(b)「忘れる」　**(c)「学ぶ」**　(d)「やり損う」

最終段落の第②文に，the recruiter bee cannot give directions around it「募集する方のハチはそれ（障害物）を迂回する指示を出すことはできない」とあり，第③文で，Instead, ...「その代わりに…」と言い，最終文で，Eventually ...「結局…」とあることから，「(on their own) 自分たちで (shortcuts) 近道を学ぶ」と推測できる。

問2

下線部①の [ポイント]

＊ Observations have shown that ... は直訳では「観察は…ということを示した」だが,「観察によりわかったことは…ということである」とか,「観察によれば…」と訳すとよい。

＊ community には「共同体，地域社会，群棲」という意味があるが，この honeybee communities は「ミツバチの集団」などと訳す。

＊ send out O 「O を送り出す」

＊ to look for food「エサを探すために」（目的を表す副詞用法の to 不定詞）

問3

(1) 下線部② The 'round' dance から始まる文と，下線部③ the 'wagging' dance から始まる文の内容をまとめればよい。

(2) 第1段落の終わりから2番目の文, The rate at which ... the bee dances. をまとめる。

問4

下線部④の [ポイント]

＊ With the round dance 「円形ダンスでは」

＊ there seems to be no ... 「全く…がないように思われる」

＊ indication of direction 「方角の指示」

＊ perhaps because ... 「おそらく…からだろう」

＊ S + make it + 形容詞（句）+ to *do* ... 「S により…することは～（形容詞（句））になる」（ it は仮の目的語で，to 不定詞以下が真の主語）

→ it = to have this information

→形容詞（句）= less important

問5

(1)「尻振りダンスは，エサのありかまでの距離と方角（　　　）エサの質も示す」

選択肢の意味

(a)「…まで，…の及ぶ限りでは」 **(b)「…だけでなく」**
(c)「…にもかかわらず」 (d)「…の代わりに，…ではなく」
第1段落終盤の2つの文「尻振りダンスの速度はエサのありかまでの距離を示す」,「尻振りの力強さがエサの質を示す」という内容から，(b) を選ぶ。A as well as B は「B だけでなく A も」という意味。

(2)「尻振りダンスをするとき，ハチは，頭（　　　）によってエサのありかの方角を示す」
選択肢の意味
(a)「…をぶつけること，…にぶつかること」 (b)「…を引っ張ること」
(c)「…を逆にすること」 **(d)「…の向きを変えること」**
第2段落の第③文に「尻振りダンスで，方角はハチの頭の向きによって示される」とあるので，(d) を選ぶ。本文では by the orientation of the bee's head となっている箇所，by turning the bee's head「ハチの頭の向きを変えることによって」となるだけである。turn には「…の向きを変える」という意味がある。

(3)「巣箱とエサの間の障害物のせいで募集する方のハチは道筋を教えるのが（　　　）なることがある」
選択肢の意味
(a)「難しい」 (b)「効果的な」 (c)「可能な」 (d)「不快な」
最終段落の第②文に「巣箱とエサのありかの間に障害物があっても，募集する方のハチは障害物を迂回する指示を出すことはできない」とある。したがって，(a)「難しい」を選べば，「道筋を教えるのが難しくなる」となり，内容に最も近くなる。

全訳例

¶1 動物の言語に関する研究には，ハチ，鳥，海洋哺乳類，そして様々な霊長類の研究がある。これらの研究には，フェロモンという性的行動に関する匂いを扱うものもある。ここで私たちが見ることになるのは，ハチがお互いにどのように伝達し合ってエサのありかを示すのかということである。観察によりわかったのは，ミツバチの集団はエサを探すために他のハチを送り出す，ということである。エサのありかが見つかると，これらの偵察バチは巣箱に戻り，他のハチを募ってエサの持ち帰りを手伝わせる。まず，募集する方のハチは他のハチにエサのサンプルを与える。それで他のハチは手に入れるべきものを知る。次に，募集する方のハチは，エサのありかを特定するダンスを踊る。そのダンスには2つの形がある。「円形」ダンスは円を描くもので，エサが巣箱から100メートル以内のところにあるときに使われる。「尻振り」ダンスは，8の字を引きのばした形を伴い，エサがもっと遠くにあるときに使われる。ハチが尻振りダンスをするときの速度は，エサのありかまでの距離を表す。エサのありかが遠ければ遠いほど，ハチはゆっくり踊る。また，尻振りの力強さはエサの質を示している。

¶2 必要な情報は距離だけではない。ハチはまたエサのありかの方角も知る必要がある。円形ダンスでは，方角を示していないようだが，それはおそらく，距離が近いことから，この情報を得ることはそれほど重要でないからだろう。しかし，尻振りダンスでは，方角はハチの頭の向きによって示される。巣箱は一般に垂直におかれる。ハチは巣箱のてっぺんを太陽に見立てる。ダンスをしている最中に，ハチが真っすぐ前に顔を向けていたら，エサのありかは太陽の真下にある。もしハチの頭が，たとえば，垂直から60度傾いていたら，エサは太陽から60度の角度の位置にある。

¶3　4種類のミツバチのダンスがこれまでに調査されてきた。そして，そのうちの3種類で，ダンスするハチは，情報を伝達する上でどうやら不可欠なものだと思われる低周波の音を出していた。これら3種のハチは，明るい所でも暗い所でもダンスをする。つまり，ミツバチに最高の視覚環境は必要ないということだ。ダンスの最中に音を出さない種は，常に日中に踊る。とすれば，おそらくハチが視覚的情報を得られない可能性がある場合には，音が情報を追加しているということになるだろう。

¶4　ダンスを目撃するハチは，一般にあまり苦労することもなくエサのありかにたどり着くが，ときに問題が生じることもある。巣箱とエサのありかの間に障害物があっても，募集する方のハチは障害物を迂回する指示を出すことはできない。その代わりに，他のハチは，エサのありかへ真っすぐ飛んでいき，障害物に出会うと，募集するハチが巣箱へ戻ったときに飛んだ道筋の方がより短くても，大体はその障害物を高く飛び越える。最終的に，ハチは自分で近道を学習するのである。

¶1

For Slash Reading

❶Research on animal language / has included the study of / bees, birds, sea
動物の言語に関する研究は / …の研究を含んでいる / ミツバチ，鳥，海洋哺
mammals, and various primates. / ❷Some of these studies deal with pheromones, /
乳類，そして様々な霊長類 / これらの研究の幾つかはフェロモンを扱う /
scents involved in sexual behavior. / ❸Here we are going to look at / how bees
性的行動に関する匂い / ここで私たちは…を見ることになる / ミツバチが
communicate with one another / to locate food sources. / ❹Observations have shown
お互いにどのように伝達し合うか / エサのありかを示すために / 観察は …ということを示した
that / honeybee communities send out other bees / to look for food. / ❺When food
/ ミツバチの集団は他のミツバチを送り出す / エサを探すために / エサのありかが
is located, / these scout bees return to the hive / and recruit other bees / to help
見つかると / これらの偵察バチは巣箱に戻る / そして他のミツバチを募る / エサの持
them bring back the food. / ❻First, the recruiter gives the others a sample of the
ち帰りを手伝ってもらうため / まず，募る方（のミツバチ）は他（のミツバチ）にエサのサンプルを与
food, / so they'll know their goal. / ❼Next, the recruiter performs a dance
える / それで彼らはその目標（のエサ）を知る / 次に，募る方（のミツバチ）は…するダンスをする
that / identifies the location of the food. / ❽The dance can have two shapes. /
/ エサのありかを特定する / ダンスには2つの形がある /
❾The 'round' dance is circular / and is used / when the food is within 100 meters of
「円形」ダンスは回るものである / そして使われる / エサが巣箱から100メートル以内にあるとき

the hive; / the 'wagging' dance / involves a stretched-out figure eight / and is used /
/ 「尻振り」ダンスは / 8の字を引き延ばした形を伴う / そして使われる /
when the food is farther away. / ❿The rate at which the bee does the wagging dance /
エサがもっと遠くにあるとき / ミツバチが尻振りダンスをする速度は /
shows the distance to the food source; / the farther it is, / the slower the bee
エサのありかまでの距離を示す / それが遠ければ遠いほど / ミツバチはゆっくり
dances. / ⓫Also, the energy of the wagging indicates / the quality of the food. /
ダンスする / また，尻振りの力強さは…を示している / エサの質 /

Sentence Structure

●**無生物主語構文**

④ Observations **have shown** that ...
S: Observations / V: have shown

「観察により，…ということがわかった / 観察によりわかったのは…」

➜ 主語に research / investigation / experiment などが来て，動詞に find / indicate / reveal / say / show / suggest などが来るときはこのような訳し方をするとよい。

●**関係詞節の理解**

⑩ The rate (**at which** the bee does the wagging dance) shows the distance to the food source;
S: The rate / M: (at which the bee does the wagging dance) / V: shows / O: the distance to the food source

➜ the rate (at which S V ...) で「…する速さ」という意味。at the rate「その速さで」が at which になっていることに注意。

●**the + 比較級 ... , the + 比較級**

⑩ **the farther** it is, **the slower** the bee dances 「それが遠ければ遠いほどミツバチはゆっくりダンスする」

➜ it is **far**, the bee dances **slow** を <the + 比較級 ... , the + 比較級> の形にしたもの。< the + 比較級 ... , the + 比較級～ > は，前の the + 比較級は副詞節と考え，後の the + 比較級が主節として扱われる。

Words & Phrases

- □ research 「研究」
- □ include O 「O を含む」
- □ sea mammals 「海洋哺乳動物」
- □ various 「様々な」
- □ deal with A 「A を扱う」
- □ A involved in B 「B に関わる［関係する］A」
- □ sexual behavior 「性的行動」
- □ communicate with one another 「お互いに伝達し合う」
- □ locate O 「O の位置を示す，O を見つける」
- □ food source 「エサのありか」
- □ observation 「観察」

- □ community 「地域社会，共同体，集団」
- □ send out O / send O out 「O を送り出す」
- □ look for A 「A を探す」
- □ scout bee 「偵察バチ」
- □ hive 「ミツバチの巣（箱）」
- □ recruit O 「O を募集する，補充する」
- □ bring back O / bring O back 「O を持ち帰る」
- □ recruiter 「募集する人，スカウト業者」
- □ sample「見本，標本」
- □ perform O 「O を行う」
- □ location 「位置，場所」
- □ shape 「形」
- □ round 「丸い，円形の」
- □ circular 「円形の，循環的な」
- □ within A 「A 以内に」（前置詞）
- □ wagging 「振る，振り動かす」（分詞形容詞）
- □ involve O 「O を伴う，関わる」
- □ be farther away 「もっと遠くにある」
- □ rate 「速度，割合」
- □ distance 「距離」
- □ energy 「活力，強さ」
- □ indicate O 「O を示す」
- □ quality 「質，特質」

Road to Summary

動物の言語に関する研究という言葉から始まっているが，第③文にあるように「ミツバチ」に限定している。第⑧文で，エサのありかを示すダンスが2種類あると言い，第⑨文で，エサが100メートル以内のときには「円形ダンス」，もっと遠くにある場合には「尻振りダンス」になると説明している。また，第⑩文でその尻振りダンスの速度は距離を表し，第⑪文では尻振りの強さはエサの質を表すとも言っている。

Summary

ミツバチは，他のミツバチにエサのありかを示すために，エサが近くにある場合は円形ダンス，遠くにある場合は尻振りダンスをする。また，尻振りダンスの速度はエサまでの距離を表し，その尻振りの強さはエサの質を表している。

Watch Word

1. include と contain の違いは？
2. ここでは言及されていないが，beeline という言葉は聞いたことがあるか？

Answer

1. include は（全体の一部として）「…を含む」という意味だが，contain は（ある中身の全体として）「…を含む」という意味になる。たとえば，The price does not include tax.「その値段は，税金を含んでいない」，This vegetable contains abundant vitamins.「この野菜にはビタミンが豊富に含まれている」となる。前者の場合は「一部」，後者の場合は「全部」のイメージがわかれば OK.
2. ミツバチが巣に戻るときに取る進路が直線コースで最短路であることから，「真っすぐ…へ進む」というときに，make[take] a beeline for ... と表現する。make a beeline for home「真っすぐ家に帰る」と使える。

¶2

For Slash Reading

❶Distance is not the only information / needed; / the bees also have to know the direction to the food source. / ❷With the round dance, / there seems to be no indication of direction, / perhaps because / the short distance / makes it less important to have this information. / ❸With the wagging dance, / however, / direction is indicated by / the orientation of the bee's head. / ❹The hive is typically vertical. / ❺The bee takes the top of the hive to be the sun. / ❻If the bee faces straight ahead / when performing the dance, / the food source lies directly below the sun. / ❼If the bee's head is angled 60° / off the vertical, for example, / then the food is located at a 60° angle / from the sun. /

距離は唯一の情報ではない / 必要とされる / ハチはエサのありかの方角も知らなければならない / 円形ダンスでは / 全く方角を示していないように思える / おそらく…からだろう / 短い距離では / この情報を得ることはそれほど重要でない / 尻振りダンスでは / しかし / 方角が…によって示される / ハチの頭の向き / 巣箱は一般に垂直である / ハチは巣箱のてっぺんを太陽だとみなす / もしハチが真っすぐ前に顔を向けていたら / ダンスをしている最中に / エサのありかは太陽の真下にある / もしハチの頭が 60 度に傾いていたら / たとえば，垂直から / エサは 60 度の角度の位置にある / 太陽から /

Sentence Structure

●分詞の後置修飾

① the only information **(needed)**「必要とされる唯一の情報」

➜ 分詞は 1 語だとふつう前から修飾するが，発音や語調の関係で 1 語でも後置修飾することに注意。

●形式目的語構文

② makes **it** less important [**to have this information**]

「この情報を得るのを（遠い距離の場合と比べて）それほど重要ではなくする」

➔ it は形式目的語で to have this information が真の目的語。

●接続詞を残した分詞構文

⑥ when **performing** the dance 「ダンスをしている最中に」

➔ when *doing* の形で，when the bee is performing the dance のこと。

cf. while *doing* 「…しながら」

＊または副詞節中の < S + be 動詞 > の省略と考えてもよい。

Words & Phrases

- ☐ direction 「方向，方角」
- ☐ indication 「指示，しるし」
- ☐ orientation 「方向，志向」
- ☐ typically 「一般に，典型的に」
- ☐ take A to be B 「A を B と見なす」
- ☐ face straight ahead 「真っすぐ前に顔を向ける」
- ☐ below 「…より下の方に[の]」（前置詞）
- ☐ angle O 「O を（ある角度に）向ける」/ be angled ... 「…の角度になる」
- ☐ off A 「A から離れて，A を離れて[それて]」
- ☐ angle「角度」（名詞）

Road to Summary

第②文で円形ダンスでは方角を示していないと述べ，第④文と⑤文でハチは巣箱のてっぺんを太陽にみたて，尻振りダンスのときの頭の向きによって方角が示されると記している。次の２つの文でその具体例が挙げられている。

Summary

エサのありかの方角は，尻振りダンスのときの頭の向きによって示される。

Watch Word

vertical には「垂直の」（形容詞）と「垂直線（面）」（名詞）という意味があり，vertically で副詞の「垂直に」という意味になる。また，vertex「最高点，頂点」の形容詞形でもある。では，vertical の対義語は何だろうか？

Answer

horizon「地平線，水平線」の形容詞形で，horizontal「水平の」（形容詞），「水平線（面）」（名詞）。

cf. horizontally「水平に」（副詞）

¶3

For Slash Reading

❶The dances of four species of honeybees / have been studied / so far, / and in
4種類のミツバチのダンスが / 調査されてきた / これまでに / そしてそ
three of those species / the dancing bee / produced a low-frequency sound / that
れらの種のうちの3種類で / ダンスするハチは / 低周波の音を出していた / 不可欠
seems to be essential / in providing the information. / ❷These three species / perform
であるように思われる / 情報を伝達する上で / これら3種は / ダンスを
their dance / both in the light and in the dark; / that is, / they do not have to have the
する / 明るい所でも暗い所でも / すなわち / そのハチたちは最高の視覚環境を
best visual circumstances. / ❸The one species that is silent during the dance / always
もつ必要はない / ダンスの最中に音を出さない種は / 常に
performs in daylight. / ❹Thus / sound might well be adding information / in cases in
日中にダンスをする / だから / 音が情報を追加しているのだろう / …場合には
which / the bees might miss visual information. /
/ ハチが視覚的情報を得られないかもしれない /

Sentence Structure

●関係詞節の理解

④ sound might well be adding information **in cases (in which** the bees might miss visual information)
(in which: M)

「ハチが視覚的情報を得られないかもしれない場合には音が情報を追加しているのだろう」

➜ in case in which S V... で「…する場合に（は）」という意味。in the case「その場合に」が in which になっていることに注意。

［例文］There is a case **where [in which]** you mustn't do it.
「それをしてはいけない場合がある」

Words & Phrases

- ☐ species 「種」
- ☐ study O 「O を研究する」
- ☐ so far 「これまで（に）」
- ☐ produce O 「O を生み出す」
- ☐ low-frequency 「低周波の」
- ☐ provide O 「O を提供する」
- ☐ visual circumstances 「視覚的環境」
- ☐ silent 「静かな，音を出さない」
- ☐ in daylight 「日中に」
- ☐ might well *do* 「たぶん…だろう」（may well「たぶん…だろう」よりも可能性としてもっと薄い）
- ☐ add O 「O を追加する，加える」
- ☐ miss O 「O がないので困る，O がないのに気づく」

Road to Summary

第①，②文で，４種類のハチのうち３種類のハチは情報を伝達する上で低周波の音を出し，明るい所でも暗い所でもダンスをすると指摘している。第③文は音を出さない種のハチは日中しかダンスをしないことを述べている。このことから第④文で，暗い所ではダンスで視覚的情報を伝えられないので，音を出して情報を補っているのだろうと説明している。

Summary

ハチは，暗い所ではダンスで視覚的情報を伝えられないため，低周波で情報を補っているのであろう。

Watch Word

lowfrequency「低周波の」とは？　そしてその反意語は何だろう？

Answer

低周波とは波動や振動の周波数が低いもので，高周波（high frequency）はその反対に周波数が高いものである。整形外科の治療で使われる電気治療はビリビリ刺激のある低周波治療器で，刺激のない方は高周波治療器である。ちなみに，frequencyには「（電波などの）周波数，（物理の）振動数」という意味に加えて，「頻発，頻度」という意味もある。

¶4

For Slash Reading

❶The bees who witness the dance / generally / arrive at the food source / without
ダンスを目撃するハチは / 一般に / エサのありかにたどり着く / あまり苦労
much difficulty, / but sometimes / there are problems. / ❷If there is a barrier /
もなく / しかし，ときどき / 問題がある / もし障害物があるなら /
between the hive and the food source, / the recruiter bee cannot give directions /
巣箱とエサのありかの間に / 募集するハチは指示を出せない /
around it. / ❸Instead, / the other bees fly / in a straight path toward the food
それを回って / その代わりに / 他のハチは飛んでいく / エサのありかへ真っすぐ
source; / when they meet the barrier, / they typically fly up and over it / even if the
/ 障害物に出会うと / ハチは大体はそれを高く飛び越える / たとえ募集
path the recruiter bee flew / in returning to the hive / was shorter. /
するハチが飛んだ道筋が / 巣箱に戻る際に / より短かった（としても）/
❹Eventually, / they learn shortcuts on their own. /
最終的に / ハチは自分で近道を学ぶ /

Words & Phrases

- □ witness O 「O を目撃する」
- □ arrive at A 「A に到着する」
- □ without difficulty 「難なく，苦労しないで」
- □ barrier「障害物」
- □ around A 「A を回って」（前置詞）
- □ instead 「その代わりに，そうではなく」
- □ in a straight path 「真っすぐに」
- □ toward A 「A に向かって」（前置詞）
- □ fly over A 「A を飛び越える」
- □ return to A 「A に戻る」
- □ eventually 「最終的に，やがて」
- □ on *one*'s own「自分で」

Road to Summary

この最終段落では，仲間のハチがエサのありかへ行く先に障害物がある場合のことが書かれている。第③文に，障害物に出会うと，最初はハチはそれを飛び越えていくとある。そして最終文で，やがて自分で近道を学習すると結んでいる。

Summary

ハチは，エサのありかまでの道のりに障害物があっても近道を学習する。

Road to Overall Summary

第1段落では，ミツバチは，エサのありかを示すのに，近いか遠いかでダンスの仕方を変え，エサまでの距離とエサの質に関してはダンスの速度や強さによって示すと言っている。第2段落では，エサのありかの方角はダンスのときの頭の向きで示されると続けている。第3段落で，暗い所では低周波を使っていると指摘し，第4段落で，エサのありかまでに障害物があると近道を学習すると言って締めくくっている。それぞれの段落を簡潔にまとめる。

Overall Summary

ミツバチはエサのありかを他のハチに示すために，エサが近くにある場合は円形ダンス，遠くにある場合は尻振りダンスで示す。また，尻振りダンスの速度はエサまでの距離を表し，その尻振りの強さはエサの質を表している。さらに，エサの方角は尻振りダンスのときの頭の向きで示し，暗い所ではダンスが見えないため，低周波で情報を補っている。加えて，エサまでの道のりに障害物がある場合，エサまでの近道を学習するようである。

主題：ハチはエサのありかをダンスで示す
事実：ハチはダンスの仕方と頭の向きで距離と方角を示し，ダンスの力強さでエサの質を表す
事実：ダンスの見えない暗い所では低周波を使っている
事実：エサまでの道のりに障害物があると近道を学習する